Walter Feldkirch

Auch Pastoren sind nur Menschen

Heiteres und Nachdenkliches

Oncken Verlag Wuppertal und Kassel

ABCteam

ABCteam-Bücher erscheinen in folgenden Verlagen:

Aussaat- und Schriftenmissions-Verlag Neukirchen-Vluyn
R. Brockhaus Verlag Wuppertal
Brunnen Verlag Gießen (und Brunnquell Verlag)
Christliches Verlagshaus Stuttgart (und Evangelischer Missionsverlag)
Oncken Verlag Wuppertal und Kassel

© 1991 Oncken Verlag Wuppertal und Kassel
Umschlaggestaltung: Carsten Buschke, Solingen
Umschlagfoto: Hans Lachmann, Monheim
Gesamtherstellung: Breklumer Druckerei Manfred Siegel KG
ISBN 3-7893-3427-8

INHALT

Vorwort 5

Ein fröhlicher Theologe (Helmut Thielicke) 7
Nachthemd oder Hut? 9
Der Hottentottenpastor 10
Der Pastor und der Elefant 11
Ein Bibelübersetzer in Ostfriesland (Hans Bruns) . 14
Der »Zehn-Jungfrauen-Prediger« 17
Ausgezischt 19
Des Kräuterweibleins Höllenangst 20
Der arme Opi (Johannes Kessler) 21
Ein fröhlicher Prediger (Carl Schneider) 21
Auch Pastoren sind nur Menschen 25
Das war deutlich 27
Unentbehrlich? 27
Das große Loch 28
Aus der Botentasche eines fröhlichen Schwaben
(Hans Herter) 28
Praktische Theologie 33
Der Torfofen 34
Pastorenkinder – Pastorenenkel (I) 35
Fröhliche Kollekten-Geschichten 37
Das alte dicke »Ich« (Hermann Hokema) 42
Auf schwäbisch gelobt 44
Der heimliche Manteltausch (August Broda) ... 45
Ein unvergessenes Original (Julius Janssen) 47
Zurechtgewiesen 51
Kindliches Mißverständnis 52
Ein schwäbisches Original (Karl Bornhäuser) ... 53

Ein leutseliger und gottfröhlicher Menschenfreund (Johann Friedrich Flattich)	54
Das Wunder	59
Fröhliche Oekumene	60
Fröhlicher Religionsunterricht	62
Lachen ist siegen (Friedrich Wilhelm Simoleit)	65
Der leutselige Pastor	69
Der friedfertige Pastor	70
Hoffentlich nicht	70
Pastorenkinder – Pastorenenkel (II)	71
Fröhliche Erlebnisse vor 100 Jahren (Wilhelm Weist)	74
Hohe geistliche Würdenträger	76
Zwei Seiten hat die Küchentür	77
Silvester-Erinnerungen	78
Friesen singen nicht (Enno Popkes)	82
Mißverständliche Sprache Kanaans	85
Oooh Tannenbaum!	87
Auf der Reeperbahn (Heinrich Kemner)	92
Vertauschte Jacken	93
Lebensweisheiten eines flämischen Menschenfreundes (Phil Bosmans)	94
Die zweite Spur	96

VORWORT

Nachdem mein heiteres Seniorenbuch »Auf Kirchenbänken schläft man gut« eine gute Aufnahme fand, folgt nun ein fröhliches Pastorenbuch, das mehr als eine Sammlung von Anekdoten sein möchte. Es erzählt heitere und besinnliche Erlebnisse von Pastoren und anderen Menschen. Aber die heiteren Erlebnisse haben oft einen nachdenklichen Hintergrund – und die ernsten wollen zur Freude führen, indem sie getrosten Glauben und fröhliche Hoffnung wecken.

Wir begegnen bekannten Persönlichkeiten, wie Prof. Thielicke, dem Bibelübersetzer P. Hans Bruns und dem gottfröhlichen Menschenfreund Flattich; aber auch weniger bekannten Menschen, die es wert sind, der Vergessenheit entrissen zu werden – wie Missionsdirektor Simoleit, Dozent Carl Schneider und anderen. Schließlich vielen Unbekannten, deren Namen vergessen sind oder verschwiegen werden, weil ich ihnen persönlich begegnete.

Dieses Büchlein möchte Freude bereiten, die aus dem Glauben an den auferstandenen Christus erwächst. Denn unser Lachen ist ein Osterlachen. Ja, echter Humor hat eine eschatologische (endzeitliche) Dimension.

»Weil der Christ dem allmächtigen Gott vertraut, lacht er aus dem Windschatten der Stürme in das Getümmel hinein, und sein Lachen schallt von den brüchigen Wänden dieser Welt zurück« (Thielicke).

Walter Feldkirch

Ein fröhlicher Theologe

Professor Helmut Thielicke (1908-1986) ist einer der bekanntesten Theologen unserer Zeit, der wie kaum ein anderer den Elfenbeinturm der theologischen Wissenschaft verlassen hat, um Brücken zu schlagen zwischen Kirche und Welt, Evangelium und Gesellschaft. Mit seinen umfangreichen theologischen Werken, seiner vielbändigen Ethik und Dogmatik hat er einer ganzen Theologengeneration Rüstzeug an die Hand gegeben. Durch seine zeitnahen Predigtreihen, die er z.B. in der Michaeliskirche in Hamburg vor oft mehreren tausend Zuhörern hielt, vermittelte er Wegweisung und Glaubenshilfe. Wer seine Erinnerungen »Zu Gast auf einem schönen Stern« liest, ist gepackt von der anschaulichen und fröhlichen Art des begabten Schriftstellers. Es fällt schwer, aus der angebotenen Fülle zu wählen.

Das Lied der »unsichtbaren« Gemeinde

Gegen Ende des Krieges hielt Thielicke in einer Dorfkirche bei Stuttgart die Sonntagspredigt. Plötzlich erhob sich ohne vorherigen Fliegeralarm ein schauerliches Heulen von Flugzeugmotoren, dazu Maschinengewehrgeknatter und das Krachen der Flak. Bei Alarm schickte man die Gemeinde sonst schleunigst nach Hause. Aber das ging nun nicht mehr. Was tun?

Geistesgegenwärtig rief Thielicke von der Kanzel herab: »Alle legen sich auf den Boden! Wir singen: ›Jesu, meine Freude!‹«

Doch lassen wir Thielicke selbst weitererzählen: »Als ich die Gemeinde, die ich gar nicht mehr sah, so aus der Tiefe der Kirchenbänke heraus singen hörte, während es um uns krachte und wetterte, mußte ich lauthals lachen, obwohl die Situation kitzlig war und ich obendrein auf der Kanzel stand. Aber der triumphierende Choral schaffte wohl eine Entrückung und eine Distanz, die dieses Lachen möglich machte.«

Eine »abenteuerliche« Wahl

Als Thielicke 1936 seine Vorlesungen als Professor an der Universität in Heidelberg begann, beschloß er, zu heiraten. Aber zuvor mußte er sich eine Braut wählen. Es war gar nicht so leicht, die richtige zu finden, denn er brauchte für seine herausragende und oft angefochtene Position eine mutige und unerschrockene Frau. In die engere Auswahl kamen drei junge Damen. Aber wie sollte er feststellen, welche die richtige sei?

Da kam er auf eine etwas »abenteuerliche« Idee. Er beschloß, die drei »Bewerberinnen« der Reihe nach auf sein Motorrad zu laden und in hohem Tempo eine scharfe Kurve zu durchfahren. Wer dann bei der äußersten Schräglage quieken würde, wäre durchs Examen gefallen. Gesagt, getan. Nur eine – gerade die, von der er es sich erhofft hatte – gab keinen Laut von sich. Er heiratete sie und bekannte nach einem halben Jahrhundert, daß er die rechte Wahl getroffen hatte. (Wobei nicht überliefert ist, ob es sich um mutiges Schweigen oder sprachlose Angst gehandelt hatte.)

Zachäus zerbricht eine Brille

Als die Nationalsozialisten Prof. Thielicke Lehrverbot erteilt hatten, vermittelte Bischof Wurm ihm eine Pfarrstelle im schwäbischen Ravensburg. Dort wollte er im Unterricht den kleineren Kindern die Geschichte von Zachäus anschaulich erzählen. Darum setzte er einen kleinen Jungen als Zachäus auf seinen Kopf. Ein größerer Junge, der den Herrn Jesus darstellte, mußte vorbeigehen und ihn herunterwinken. Dabei verlor aber der Zachäus das Gleichgewicht. Thielicke konnte ihn zwar noch auffangen, aber beim Sturz »hielt er sich mangels Geäst« an Thielikkes Brille fest und riß sie in die Tiefe, wo sie zerbrach.

Nun reichte Thielicke bei der Behörde ein Gesuch um Ersatz ein mit der Begründung, er hätte einen »Betriebsunfall« gehabt. Als man ihm die Brille nicht ersetzen wollte, berief er sich auf einen ihm bekannten Pfarrer, dem bei der Predigt das Gebiß von der Kanzel geflogen sei und im Altarraum zerschellte, so daß er habe Zungenreden müssen. Diesem Pfarrer hätte man die Zahnprothese ersetzt.

Daraufhin bekam Thielicke die neuen Brillengläser.

Nachthemd oder Hut?

Auf einer Herrengesellschaft, an der auch ein Bischof teilnahm, fragte ein junger Mann, der für seinen lockeren Lebenswandel bekannt war, den Bischof mit heuchlerischem Ernst: »Mich quält die Frage, wie ich, wenn ich dereinst im Himmel ein Engel bin, mein Nachthemd über die Flügel streifen soll?«

Darauf der Bischof: »Junger Freund, darüber sollten Sie sich nicht den Kopf zerbrechen. Überlegen Sie lieber, wie Sie Ihren Hut über die Hörner kriegen!«

Der Hottentottenpastor

In das kleine Kirchdorf an der Nordseeküste war ein neuer Pastor gekommen. Mit seiner Antrittspredigt in der überfüllten Kirche hatte er die Herzen der Zuhörer erobert. Sie erlebten ihn als einen Mann, der ihre Sprache sprach und ihre Nöte verstand.

Nur eines erregte ihre Gemüter: Er hatte einen Namen, den man weder schreiben noch aussprechen konnte. Er hieß De la Croix. In einem Rundbrief versuchte der neue Pastor, seine Gemeinde darüber aufzuklären. De la Croix sei ein französischer Name und heiße übersetzt »von dem Kreuz«. Man spreche es »Dülla Kwa« aus. Er trage diesen Namen mit Stolz, denn er habe ihn von seinen Vorfahren ererbt, die Hugenotten waren und um ihres Glaubens willen die französische Heimat verlassen mußten.

Der neue Pastor machte fleißig Hausbesuche, um seine Gemeinde kennenzulernen. So kam er eines Tages in das Haus der Gesche Harms.

Gesche war seit vielen Jahren Witwe. Ihr Mann war mit seinem Fischerewer bei einem Orkan auf See geblieben. Mutter Gesche – so wurde sie von allen genannt – wohnte in einer alten reetgedeckten Fischerkate am Rande des Dorfes.

Natürlich war sie hoch erfreut über den Besuch des neuen Gemeindehirten. Aber auch ein wenig Neugierde erfüllte ihr altes Herz, denn sie hatte schon von seinem ungewöhnlichen Namen gehört, jedoch nicht verstanden, welche Bewandtnis es damit habe. Darum faßte sie sich ein Herz und fragte den Gast in der ihr vertrauten plattdeutschen Sprache: »Stimmt dat, Herr Pastor, dat Se von de Hottentotten afstammen?«

Dem so angeredeten Pastor verschlug es ob solcher Verdächtigungen zunächst die Sprache. Dann mußte er herzhaft lachen und antwortete:

»Nein, Mutter Gesche, nicht von den Hottentotten stamme ich ab, sondern von den Hugenotten.« Und dann erzählte er ihr die Geschichte dieser um ihres Glaubens willen Verfolgten.

Schon lange deckt beide der grüne Rasen. Ihre Gräber liegen nahe beieinander auf dem stillen Friedhof an der alten Kirche. Aber noch gerne sprechen die Dorfbewohner von jenem Pastor und nennen ihn liebevoll ihren »Hottentottenpastor«.

Der Pastor und der Elefant

Auch Pastoren sind nur Menschen; selbst wenn sie hohe Ämter bekleiden und akademische Titel tragen – wie jene Geschichte beweist, die sich vor einigen Jahren ereignete. Taktgefühl und Scham verbieten es, Rang und Namen zu nennen. Und dabei war es im Grunde ein lustiges Erlebnis. Aber dem Betroffenen war dabei wahrlich nicht zum Lachen zumute. Die ihm im Amt Unterstellten durften, als sie davon erfuhren, nur hinter vorgehaltener Hand die Mundwinkel zu einem heimlichen Lächeln verziehen.

Was war geschehen? An einem wunderschönen Sommertag machte »Hochwürden« mit seinen zwei Buben – fünf und sechs Jahre alt – in seiner neuen blitzenden Luxuslimousine eine Ausfahrt in den bekannten Tierpark Stukenbrock. Staunend fuhren sie mit dem eigenen Wagen durch das abgegrenzte Wildgehege. Aussteigen war streng verboten, obwohl die Löwen friedlich in der Sonne lagen und ganz ungefährlich aussahen.

Plötzlich kam ein mächtiger Elefant langsam auf das Auto zugeschritten. Und damit begann das Unheil.

»Jumbo«, wie ihn die Kinder spontan nannten, blieb stehen und schaute bettelnd durch die Hinterfenster des Autos, wo die Kinder saßen. Anscheinend war er gewohnt, von den kleinen Besuchern gefüttert zu werden. Schon hatten die Buben eine Banane in der Hand und baten: »Paps, dürfen wir das Fenster herunterkurbeln?«

Nur zögernd gestattete es der alte Herr. Der zutrauliche Jumbo steckte bettelnd seinen Rüssel ins Wageninnere. Die Kinder hatten ihren Spaß und auch Jumbo schnaubte vor Vergnügen.

Das hätte er aber lieber nicht tun sollen, denn eine Wolke von schmutzigen Spritzern entlud sich aus seinem Rüssel und bedeckte den weißen Wagenhimmel und die neuen Polster mit einer schmierigen Schicht.

»Fenster zu!« schrie mit sich überschlagender Stimme der entsetzte Vater. Die Söhne – zutiefst erschrocken – kurbelten in fliegender Eile das Fenster hoch. Freilich gelang ihnen das nicht ganz. Denn Jumbo, der den plötzlichen Sinneswandel nicht so schnell begriff, hatte seinen Rüssel noch im Wagen. Und nun war dieses empfindliche Organ festgeklemmt, was ihm große Schmerzen bereitete.

Darum trat er fest gegen die Wagentür. Er trat nur einmal, aber dieses eine Mal genügte. Denn wo ein Elefant hintritt – pflegt man zu sagen –, da wächst kein Gras mehr. Was in diesem Fall heißt, da bleibt eine wagenradgroße Verwüstung zurück.

Bevor nun Jumbo ein zweites Mal zutreten konnte, befahl der Vater bleich und voller Zorn: »Fenster auf!« Und ebenso hastig, wie die Kinder vorher das Fenster hochgekurbelt hatten, öffneten sie es wieder und befreiten den armen Elefanten aus seinem Gefängnis. Mit einem Ruck zog er den Rüssel aus dem Wagen und trottete stumm und beleidigt davon.

Nicht so stumm hingegen war der am Boden zerstörte Besitzer der Luxuslimousine. Einige Kraftausdrücke, die der Schmutzfontäne des Elefanten sehr ähnelten, kamen aus seinem »geistlichen Rüssel«. Sie entsprachen nicht der Würde seines hohen Amtes. Darum sollen sie hier taktvollerweise verschwiegen werden.

Der Besuch des Tierparks wurde für beendet erklärt. Die Kinder wagten keinen Widerspruch. Als Trostpflaster gab es für sie in der nahen Gaststätte einen großen Eisbecher, während der Vater den Ärger über die zertretene Autotür mit einigen Schnäpsen hinunterspülte.

Auf der Rückfahrt geriet der Wagen in einen Stau, den ein Auffahrunfall verursacht hatte. Ein Streifenwagen der Autobahnpolizei hielt neben den Heimkehrern und fragte, ob sie denn auch in den Unfall verwickelt seien. Vater verneinte. Da zeigte der uniformierte Beamte auf die verbeulte Tür. »Da hat mir eben ein Elefant reingetreten!« lautete die wahrheitsgemäße Antwort, die den Hüter des Gesetzes jedoch etwas Gesetzwidriges vermuten ließ.

Was dann folgte, war vorauszusehen: Aussteigen, Pusten, Blutprobe. Die ungewohnten Schnäpse hatten ihre Wirkung getan.

Und wieviel Ärger folgte dann noch ...

Seitdem liebt »Hochwürden« keine Elefanten mehr. Was wohl durchaus verständlich ist.

Ein Bibelübersetzer in Ostfriesland

Pastor Hans Bruns (1895-1971), dessen Bibelübersetzung vielen zum Segen wurde, kam nach einem Theologiestudium in Tübingen und Göttingen 1923 nach Ostfriesland, wo er zehn Jahre Gemeindepfarrer in Hollen war. Aus diesen Dienstjahren sind einige fröhliche Erlebnisse überliefert.

Laufende Nasen

Bei seinen Besuchen kam Bruns eines Tages in ein ärmliches und – entgegen aller Ostfriesenart – schmutziges Haus.

Der Mann war seit langem arbeitslos, die Frau kränklich; darum wuchs ihr wohl die Hausarbeit über den Kopf.

Natürlich empfand man es als eine Ehre, daß der Pfarrer zu Besuch kam. Selbstverständlich wurde ihm, wie in allen ostfriesischen Familien, Tee angeboten.

Bruns setzte sich in der engen Küche auf einen wackeligen Stuhl. Der Mann war nicht da, die Kinder spielten draußen.

Gerade als das Teewasser kochte, kamen die zwei Kinder herein – mit laufenden Nasen, denn es war draußen kalt.

»Nun sagt mal schön guten Tag! Oh, ihr habt eure Nasen nicht sauber!« Wie selbstverständlich nahm die Frau, die beim Abwaschen war, das Spültuch und putzte damit die Nasen der Kinder. Und während die Kinder artig den Pastor begrüßten, wusch die Mutter mit dem gleichen Spültuch die Teetassen ab.

Mit sehr gemischten Gefühlen trank Bruns dann den Tee aus den also gesäuberten Tassen. Er konnte nicht ablehnen, ohne die Frau zu beleidigen. Aber er trank nur eine Tasse anstatt der sonst üblichen drei. Dann betete er kurz mit der Mutter und ging.

Ein nächtlicher Besuch

Eines nachts stand vor dem Pfarrhaus ein betrunkener junger Mann und rief laut: »Baptistenpastor! Baptistenpastor!«

Nun hatte Bruns zur Baptistengemeinde ein gutes Verhältnis, aber er war doch Pastor der Landeskirche. Wollte der Betrunkene mit den Rufen andeuten, daß Bruns anders predigte als die meisten seiner Kollegen? »Dann ist das eine Ehre für die Baptisten wie für mich, daß er so schimpfte«, schrieb Bruns in seinen Erinnerungen.

Bruns ging zu dem Mann, den er erkannte, hinaus und sagte: »Sie wollen mich wohl besuchen, aber jetzt geht das nicht. Kommen Sie morgen wieder!«

Zuerst wollte der Mann sich nicht beruhigen lassen, aber dann zog er ab.

Am nächsten Tag machte Bruns einen »Gegenbesuch«. Als er in die Küche des Bauernhauses trat, sah er gerade noch, wie der junge Mann in eine Nebenkammer flüchtete. Dort war er eingesperrt. Bruns aber sprach mit der Frau so laut, daß der Lauscher hinter der Tür jedes Wort verstehen konnte.

»Ich wollte Ihrem Mann einen Gegenbesuch machen«, begann Bruns.

»War er denn bei Ihnen?«

»Ja, heute nacht!« Und Bruns erzählte, was vorgefallen

war. Überraschend war die Antwort der Frau: »Herr Pastor! Sie bringen Streit in die Gemeinde. Ich weiß von Häusern, wo die einen mit Ihnen gehen und die anderen nicht!«

»Das ist das beste Zeugnis für meine Arbeit«, antwortete Bruns fröhlich. »Denn wo Christus klar verkündigt wird, da scheiden sich die Geister.« Nach einem längeren Gespräch gingen sie im Frieden auseinander. Später hat sich Bruns sehr um diesen jungen Mann bemüht. Aber dieser wollte nicht und ging seinen Weg ohne Jesus weiter.

Ein sonderbares Telefongespräch

Im Pfarrhaus klingelt das Telefon. Als Bruns sich meldet, sagt eine Männerstimme am anderen Ende der Leitung: »Oh, Herr Pastor, welch Glück ist's, erlöst zu sein, Herr, durch dein Blut!«

»Ja, das ist richtig«, antwortete Bruns, »aber wer ist denn da?«

»Ich bin es, Heiko Ennen.«

»Ja, guten Tag, aber warum rufen Sie denn an?«

»Ich habe keinen besonderen Grund, nur eine solche Freude, da mußte ich Sie anrufen.« Nach wenigen Sätzen legte er auf, denn es war ein teures Ferngespräch.

Der Anrufer, ein älterer Viehhändler, hatte einige Tage vorher durch den Verkündigungsdienst von Pastor Bruns Frieden mit Gott gefunden.

Der »Zehn-Jungfrauen-Prediger«

Wenn ich an die Jahre meines Gemeindedienstes in Ostfriesland denke, fällt mir der »Zehn-Jungfrauen-Prediger« ein.

In der armen und unruhigen Zeit nach Zusammenbruch und Kriegsende 1945 kamen allerlei Leute nach Ostfriesland. Die »Hamsterzüge« brachten viele Menschen aus dem Ruhrgebiet, die alles mögliche gegen Lebensmittel eintauschten. Auch manche »Verkündiger« und »Missionare« undurchsichtiger Herkunft kamen mit großen leeren Koffern in die Landgemeinden und erhofften reichen »Segen«.

Eines Tages erschien ein Mann, der, wie seine Sprache verriet, aus Ostpreußen stammte. Er sagte, Gott habe ihn gesandt. Er zog von Ort zu Ort, von Gemeinde zu Gemeinde. Er bat mit frommen Worten um Nachtquartier. Dann bot er sich an, Bibelstunden in den Häusern zu halten. Die ostfriesischen Bauern, die eine angeborene Ehrfurcht vor allem Geistlichen haben, gewährten ihm dies.

So versammelten sich in den ostfriesischen Bauernküchen abends zehn bis zwanzig Leute. Und er predigte. Er hatte eine laute und salbungsvolle Stimme, die auf schlichte Gemüter Eindruck machte. Nun kannte er aber leider nur eine einzige Predigt, die er wohl wie ein Gedicht auswendig gelernt hatte. Es war eine Predigt über die zehn Jungfrauen. Sie war gut, denn sie stammte, wie Eingeweihte bald merkten, ursprünglich von Pastor Modersohn. Er hatte sie erstmals vor vielen Jahren in Ostpreußen gehalten. Und weil sie Beifall gefunden hatte, oft an verschiedenen Orten wiederholt. Mit dieser Predigt war er dann auf die Flucht gegangen und hatte sie hindurchgerettet durch vielfältiges Erleben. Und nun kam sie ihm in Ostfriesland zugute.

Allerdings merkte er bald, daß eine einzige Predigt doch ein wenig dürftig sei. So suchte und fand er immer neue Bibeltexte. Da seine theologischen Kenntnisse und Erkenntnisse gering waren, fiel ihm wenig »Auslegung« dazu ein.

Aber er war ein heller Kopf und wußte sich zu helfen!

So predigte er zum Beispiel über Johannes 3, Vers 16: »Also hat Gott die Welt geliebt...« Er begann: »Aus Liebe zu uns sandte Gott seinen Sohn. Wer an ihn glaubt, hat das ewige Leben. Aber für die Gläubigen ist auch die Wachsamkeit wichtig. Das sehen wir an den zehn Jungfrauen...«

Und schon war der Augenblick gekommen, wo er seine Zehn-Jungfrauen-Predigt anfügen konnte.

Oder er nahm als Text Offenbarung 2, Vers 10: »Sei getreu bis an den Tod!« Mit gewaltiger Stimme rief er aus: »Sei getreu! mahnt uns heute der Herr. Aber – werden wir alle in weißen Kleidern einmal vor dem Thron Gottes stehen? Auch alle 10 Jungfrauen trugen das hochzeitliche Kleid, aber 5 waren töricht...«

Am Schluß jeder Bibelstunde ließ er dann seinen von Wind und Wetter gezeichneten schwarzen Hut durch die Reihen gehen und sammelte die Kollekte ein. Die behielt er für sich »zur Deckung der laufenden Unkosten«.

Hinten auf seinem Fahrrad, mit dem er von Ort zu Ort reiste, hatte er einen alten abgeschabten Koffer. Darin verwahrte er die Lebensmittel, die er sich bei seinen »Hausbesuchen« erbat.

Als er sich nach einigen Tagen aufs Fahrrad setzen wollte, um in die Nachbargemeinde weiterzureisen, bemerkte sein Gastgeber, daß durch ein Loch seines Fahrradmantels der Schlauch zu sehen war. Er machte ihn darauf aufmerksam und meinte: »So kommen Sie aber nicht weit!«

Da meinte der fromme Mann: »Der Herr sendet seine Engel, die mich behüten.«

Doch unser Bruder entgegnete: »Was man selber tun kann, sollte man nicht von Gottes Engeln erwarten.« Sprach's und drückte ihm Gummi und Klebstoff in die Hand und half ihm, das Rad zu reparieren.

Mit überschwenglichen Dankesworten auf den Lippen und einem vollen Koffer auf dem Fahrrad zog er dann fröhlich seine Straße – unser »Zehn-Jungfrauen-Prediger«.

Ausgezischt

Als der spätere Hauptpastor von St. Michaelis in Hamburg, Georg Behrmann, in Tübingen studierte, mußte er zu Weihnachten für den erkrankten Pfarrer in einem kleinen Dorf auf der Rauhen Alb einspringen.

Er hielt am Vormittag den Weihnachtsgottesdienst, hatte aber auch am Nachmittag noch die Feier der Kinder zu leiten. Er begann mit einer Frage: »Nun, liebe Kinder, was für ein Fest feiern wir heute?«

Zu seinem Schrecken wurde er auf diese Frage von der großen Kinderschar erbarmungslos ausgezischt. Darüber drohte er die Fassung zu verlieren, bis jemand die Situation rettete und dolmetschte. Die Kinder hatten einstimmig geantwortet:

»'S ischt Chrischtfescht!«

Des Kräuterweibleins Höllenangst

Es war im hohen Mittelalter, als von den Kanzeln alle furchtbaren Höllenqualen in grellen Farben den Sündern angedroht wurden.

Da begegnet ein hutzeliges Kräuterweiblein am Wiesenhang des Waldes einem gütigen, alten Mönch. Nachdem er sie freundlich gegrüßt hatte, fragte er: »Gute Frau, warum seht Ihr so erschrocken aus?«

»Ach«, antwortete das Kräuterweiblein, »ich habe am Hang, der zum Kloster gehört, wilde Heilkräuter gesammelt. Da kam ein junger, strenger Mönch daher und drohte: ›Weib! Du hast das Kloster bestohlen, und solche Untat ist des höllischen Feuers schuldig!‹«

Still weinte sie vor sich hin.

Der greise Mönch überlegte, wie er der einfältigen Frau die Höllenangst nehmen könnte, denn ihre Gewissensqual rührte sein Herz.

Darum fragte er: »Kräuterweiblein, wie viele Zähne habt Ihr noch in Eurem Munde?«

Ein wenig beschämt kam die Antwort: »Keine, Ehrwürden, nicht einen einzigen. Ihr merkt es ja wohl an meiner Sprache.«

»Nun«, meinte gütig der geistliche Herr, »dann braucht Ihr keine Sorge zu haben, daß Ihr in die Hölle kommt. Das wäre wider den Wortlaut der Heiligen Schrift. Denn dort steht: In der Hölle wird sein Heulen und Zähneklappen. Da Ihr aber keinen einzigen Zahn habt, taugt Ihr nicht für die Hölle!«

Dann erteilte er dem Kräuterweiblein den Segen, grüßte freundlich und schritt von dannen.

Der arme Opi

Der Berliner Hofprediger *Johannes Kessler* erzählt in seinen Erinnerungen von einer Christmette, die er in der Berliner Lukaskirche zu halten hatte. Zu diesem Fest wurde die vierjährige Enkelin mitgenommen. Es war das erste Mal, daß dieses Kind an einem Gottesdienst teilnahm.

An der Hand der Mutter und Großmutter betrat das kleine Mädchen die geschmückte Kirche. Was gab es da doch alles zu sehen und zu hören! Zwei riesige Christbäume mit ihrem funkelnden Lichtermeer! Eine kunstvolle Weihnachtskrippe! Das Kind war sprachlos. Und das Erstaunen steigerte sich, als Chor und Gemeinde die schönen alten Weihnachtslieder anstimmten.

Als aber dann Johannes Kessler die Kanzel betrat und wohl etwas laut sprach und lebhaft gestikulierend seine Arme bewegte, fing die Kleine bitterlich zu weinen an.

Die Mutter fragte leise: »Aber warum weinst du denn?«

Darauf schluchzte das Kind: »Opi möchte aus der Kiste raus, und keiner hilft ihm!«

Ein fröhlicher Prediger

Carl Schneider wurde am 22. Februar 1870 in Werschweiler im Saargebiet geboren. Dort besuchte er die Schule und erlernte ein Handwerk. In Berlin erlebte er eine gründliche Bekehrung. Bald wurde er ein eifriger Mitarbeiter in der Gemeinde, dem Gott eine klare Berufung zum Predigtdienst schenkte. So ging er 1895 für vier Jahre auf das baptistische Predigerseminar in Hamburg-Horn. Dann diente er als Pastor den Gemeinden in Hamburg-Eilbeck und Dresden. 1922 wurde er in doppelter Eigenschaft ans Predigerseminar gerufen: als Dozent für praktische Theologie und als Verwaltungsdirektor. Mit 69 Jahren trat er 1939 in den Ruhestand. Am 31. Januar 1943 ging er in Hamburg fröhlich und getrost heim. Er war ein vollmächtiger Prediger, erfahrener Lehrer und begabter Schriftsteller.

Reich gesegnet

»Heute bin ich aber reich gesegnet worden«, sagte eine Zuhörerin nach dem Gottesdienst in Hamburg-Eilbeck zu Pastor Schneider, als sie sich an der Kirchentür von ihm verabschiedete. Und ehe er darauf etwas erwidern konnte, nannte sie den Grund ihrer Erbauung: »Ich mußte die ganze Zeit Ihren wunderschönen Schlips anschauen!«

Das berichtete Carl Schneider mir, dem damals jungen Studenten bei einem Besuch in seiner Wohnung. Und während er feinsinnig lächelte, fügte er zwei Ratschläge hinzu, die ich nie vergessen habe: Man soll Lob nicht so wichtig nehmen und ferner bedenken, daß die Gemeinde auf den Anzug des Pastors schaut.

Gottesdienste – auf dem Gesäß abgemacht

»Die schönen Gottesdienste des Herrn«, das ist nicht nur der Titel eines Buches von Carl Schneider über »Geschichte, Grundsätze und Gestaltung« der Gottesdienste. Das war zugleich sein reformatorisches Programm. Er wollte die vom Calvinismus geprägten nüchternen freikirchlichen Versammlungen in festliche Gottesdienste verwandeln und aus den passiven Predigthörern eine handelnde, mitfeiernde Gemeinde machen. Es gefiel ihm z.B. gar nicht, daß die Gottesdienstbesucher damals bei Schriftlesung und Gebet sitzen blieben. Da konnte er sehr bissig sagen: »Unsere Gottesdienste werden auf dem Gesäß abgemacht.« Anbetung, Erbauung und Evangelisation waren ihm die rechte Mitte der Gottesdienste.

Giraffenpredigt

Es war jedesmal ein Erlebnis, unter Schneiders Kanzel zu sitzen. Seine Verkündigung war vollmächtig, biblisch fundiert und doch bildhaft-verständlich. Als Dozent für praktische Theologie hat er uns Studenten gewarnt, nicht über die Köpfe der Zuhörer hinwegzureden. Er tat das mit einem unvergeßlichen Bild:

»Auch das beste Futter ist nutzlos, wenn es zu hoch gelegt wird. Manche Predigten haben so hohe Weisheit, daß nur Giraffen sie erreichen können. Aber unser Herr sagt nicht: ›Füttere die Giraffen‹, sondern ›Weide meine Schafe‹.«

Gefängnisprediger

Ein Pastor, der sich in einem Festgottesdienst von seiner Gemeinde verabschiedete, weil er Gefängnisprediger wurde, hatte als Predigttext Johannes 14, Vers 6 gewählt: »Ich bin der Weg, die Wahrheit und das Leben.« Er las aber den ganzen Abschnitt vor. Das ging auch gut, bis er an Vers 2 kam: »Ich gehe hin, euch die Stätte zu bereiten.« Da unterbrach ein heimliches Gelächter der Gemeinde die andachtsvolle Stille.

Diese Episode beschreibt Schneider in seiner Predigtlehre »Wir aber predigen« und knüpft daran die Mahnung, der Prediger müsse vorher sorgfältig bedenken, welche Bibelworte er im Gottesdienst vorlese.

Kernseife

Eines Tages kam Schneider, der uns allen ein fürsorglicher Hausvater war, in den Waschraum des Wohnheims, gerade als einige Studenten bei der Morgentoilette waren. Am Waschbecken neben mir stand ein holländischer Student. Schneider grüßte, schaute sich um und nahm ein Stück stark parfümierter Seife in die Hand, die mein Nachbar benutzt hatte. Er roch daran, verzog in unnachahmlicher Weise das Gesicht und sagte schmunzelnd: »Wir haben uns früher mit Kernseife gewaschen! Darum sind wir auch ein kerniges Geschlecht geworden!« (Schneider war als junger Mann ein schneidiger Ulan gewesen.) Sprach's und verschwand.

Lachen aus dem Windschatten der Stürme

Carl Schneider war ein fröhlicher Christ. Er lachte gern. Seine Gottesdienste strahlten festliche Freude aus. Sein Unterricht wirkte nie langweilig, weil er praktisch und mit Humor gewürzt war. Seine Freude war ein sieghaftes Lachen aus der Kraft des Glaubens, denn er wurde einen schweren Weg geführt. 1920 starb seine Frau, einige Jahre später wurde plötzlich seine verheißungsvolle Tochter Erika hinweggerafft. Was am stärksten belastete: lebenslang war Schneider von rheumatischen Übeln geplagt. Viele Ärzte und unzählige Kuren bewirkten keine Hilfe.

Als es zum Sterben ging, sagte er zu seinem Freund, dem Diakonissendirektor Hans Fehr: »Ich habe immer mit Freuden an meinen Herrn geglaubt. Jetzt, wo mein Kahn am anderen Ufer anlandet, will ich dem Teufel nicht den Gefallen tun und traurig werden.« So ging er am 31. Januar 1943 fröhlich und getrost heim.

Auch Pastoren sind nur Menschen

Als vor vielen Jahren der junge und begabte Pastor Egon Wilms seinen Dienst an einer ostfriesischen Kleinstadtgemeinde begann, »übernahm« er seinen Vorgänger im Amt, einen betagten aber noch rüstigen Senioren. Dieser war ein allseits beliebter und in jahrzehntelangem Dienst an dieser Gemeinde bewährter Bote Gottes.

Beide aber waren grundverschieden. Der Junge war ein ungestümer Kämpfer, eine wahre Paulusnatur. Der Alte war eher eine Johannesseele. Er hatte gelernt, zu warten und manches Gott zu überlassen. So brauchte es viel Liebe und Demut, daß die beiden gut miteinander auskamen.

Manchmal allerdings geschah es, daß der Junge seufzte und mir, dem Freund, sein Herz ausschüttete.

Da waren zum Beispiel die Hausbesuche. Der neue Pastor mußte ja die Gemeinde erst kennenlernen. Darum nahm er sich Zeit, trank gern mit den Familien die in Ostfriesland üblichen drei Tassen Tee und ließ sich erzählen.

Der Ruhestandspastor, der sie ja alle kannte, machte kurze Besuche. Wenn er kam, behielt er den Mantel an, legte seinen breitkrempigen schwarzen Hut auf den Schoß und fragte nach dem leiblichen und geistlichen Ergehen. Ein kurzes Bibelwort und Gebet – und schon zog er nach wenigen Minuten von dannen.

So kam es, daß Wilms, wenn er einen Hausbesuch machte, oft mit den Worten empfangen wurde: »Ihr Vorgänger war seit Ihrem letzten Besuch schon dreimal hier.« Darüber ärgerte er sich im Stillen gewaltig, denn er war ein fleißiger Mann.

Was aber eines sonntags im Gottesdienst geschah, machte den Jungen so betroffen, daß er mich anrief und klagte: »Heute hat der Senior meine ganze Predigt kaputtgebetet!«

Was war geschehen? Der junge Pastor hatte in seiner Predigt die Gemeinde aufgerufen, den guten Kampf des Glaubens zu kämpfen. Sein Amtsvorgänger, der zugehört hatte, sprach dann das Schlußgebet. Und er begann etwa so: »Herr, wir danken dir, daß es nicht so ist, wie unser junger Bruder gesagt hat; daß es nicht an unserem Kämpfen und Wollen liegt, sondern allein an deiner Gnade . . .« (Er pflegte das Wort ›Gnade‹ gedehnt und fast singend auszusprechen.)

Trotz aller Gegensätze wurden beide von der Gemeinde geliebt. Denn jeder hatte seine Vorzüge: Der eine war jung – und Jugend ist ein unbezahlbares Vorrecht; der andere war erfahren – und Erfahrung kann man nicht kaufen, sondern nur in einem langen Leben erwerben.

Das war deutlich

Da das Studierzimmer der größte Raum im Pastorat war, fand dort die Sitzung des Vorstandes statt. Die Gemeindevertreter saßen in der Mitte des Zimmers um einen großen runden Tisch, der von einer Deckenleuchte hell angestrahlt wurde. In einer dunklen Ecke neben dem Schreibtisch stand – von allen unbemerkt – der Käfig mit dem Papagei, für die Nacht sorgfältig mit einem Tuch zugedeckt.

Als im Verlauf der Sitzung das Gespräch laut und erregt wurde, tönte plötzlich aus der Ecke die unmißverständliche Mahnung des Vogels: »Halt's Maul, Quatschkopf!«

Zweierlei muß noch angefügt werden. Einmal: Dieses unerbetene Mahnwort erfolgte gerade in dem Augenblick, als der oberste Vertreter der Kirchenbehörde, ein einflußreicher Mann, seine Meinung kundtat. Zum anderen: Dieser Papagei hatte früher einem Seemann gehört, was wohl seine despektierliche Redeweise ausreichend erklärt.

Unentbehrlich?

Da war ein hochbetagter Pastor, der seinen Platz keinesfalls einem Jüngeren überlassen wollte – obwohl er schon gebrechlich und vergeßlich war. Bei einem Festgottesdienst stolperte er, als er zur Kanzel schritt, und wäre fast gefallen. Bei der Ansage des Liedes verwechselte er Liednummer und Vers und sagte: »Wir singen Lied 2, Vers 200.« Und bei der Festpredigt verlor er mehrmals den Faden.

Als ihm sein Vorgesetzter daraufhin dringend nahelegte, sich doch endlich zur Ruhe zu setzen, antwortete er selbstbewußt: »Der Herr bedarf meiner!« Darauf entgegnete der andere: »Lieber Bruder! Es steht nur einmal in der Bibel, daß der Herr eines bedurfte, und das war eines Esels.« (Matthäus 21,3)

Das große Loch

Ein Großvater wollte mit seiner Frau verreisen. Sie aber erklärte: »Das ist unmöglich. Marlies braucht meine Hilfe für ihren kleinen Jungen. Es ist doch unser erstes Enkelkind.«

Darauf erwiderte ihr Mann: »Falls du dich für unersetzlich hältst, stecke deine Hand in einen vollen Wassereimer und achte gut darauf, welch großes Loch bleibt, wenn du sie wieder herausziehst!«

Sie überlegte, lächelte und – packte ihren Koffer.

Aus der Botentasche eines fröhlichen Schwaben

Hans Herter (1887-1969) war eine Jahrhundertgestalt aus dem Schwabenländle. In einem frommen Elternhaus aufgewachsen, traf er früh seine Entscheidung für Christus. Beruflich gelangte er zu hohen Ehren: Er wurde Ministerialrat im Stuttgarter Finanzministerium. Aber demütig stellte er als Gemeindeältester seine Gaben dem Herrn und der Gemeinde zur Verfügung. Aus seiner Verbundenheit mit der Jugend er-

wuchs die Herausgabe des »Kleinen Jugendboten«. Man höre und staune: Da gibt ein Mann in eigener Verantwortung 55 Jahre lang eine Zeitschrift heraus. Sie ist von ihm selbst handgeschrieben, Text und Zeichnungen stammen aus seiner Feder. Hier ist die Frömmigkeit eines Wandsbecker Boten verbunden mit der Volkstümlichkeit des Johann Peter Hebel. Nachfolgend einige Beispiele aus der Botentasche des fröhlichen Schwaben.

Eine notwendige Predigt

Irgendwo in einer Kirche hängt ein Kasten, der dazu bestimmt ist, Briefe und Botschaften an den Pastor der Gemeinde aufzunehmen. Unlängst predigte dieser auf einen geäußerten Wunsch über das Thema: »Wie wir unsere Freunde im Himmel erkennen.«

In der darauffolgenden Woche lag in dem Kasten ein Briefchen mit folgendem Inhalt: »Sehr geehrter Herr Pastor! Könnten Sie es nicht möglich machen, einmal über das Thema zu sprechen: ›Wie wir unsere Freunde auf Erden erkennen.‹ Ich besuche nun schon sechs Monate Ihre Kirche, und noch niemand hat jemals irgendeine Notiz von mir genommen.«

Der Kaminfeger von Neuhausen

Der Kaminfeger von Neuhausen war ein starker Esser, aber wollte auch gern ein frommer Mann sein, der die Fastengebote hielt. Darum aß er an Freitagen zunächst 3-4 Eier, gebacken oder gesotten, dann die Fleischspeise, nach der ihm gelüstete und zum Schluß ein herzhaftes Stück Käse, so daß die verbotene Speise säuberlich zwischen zwei erlaubten Tagen eingebettet war. »Nun kann einer meinetwegen reingucken wo er will«, sagte er, »jetzt ist's überall Freitag.«

Ist es nicht bezeichnend für manche Christen, daß sie das sündige Wesen verbergen hinter frommen Gebärden? Aber Jesus hat nie schärfere Worte gebraucht als gegen solche fromme Heuchelei. Er hat Augen wie Feuerflammen, da gilt kein Versteckspiel.

Furcht ist nicht in der Liebe

Der kleine Otto, ein Büble im Badener Ländle, ist ein wilder Bub, der Steine wirft, auf Bäume klettert und am Rheinufer seinen Unfug treibt. Drum wird er von seinem besorgten alten Bäsle vermahnt: »Schau, Bub, der liebe Gott sieht alles und will nicht haben, daß du so wild bist! Er läßt dich sonst einmal vom Baum herunterfallen, dann kannst du dir ein Bein brechen oder einen Arm. Oder du fällst in den Rhein und ertrinkst!«

Otto hört aufmerksam zu, es geht ihm zu Herzen, wie das Bäsle zu ihrer Freude bemerkt. Dann aber seufzt Otto tief und sagt: »Oh, gelt, Bäsle, man hätt's doch gut auf der Welt – wenn der liebe Gott nicht wär'!«

Möchten wir doch unseren Kindern den Vater im Himmel nicht darstellen als allzeit schlagbereiten Prügelmeister, damit sie nicht stoßseufzen wie der kleine Otto! Daß wir nicht das Evangelium, die frohe Botschaft, umwandeln zu einer unerträglichen Last!

Vater, laß drin!

Wenn einer etwas Dummes sagen oder tun will, was nicht zur Förderung seines Ansehens dienen möchte, ruft man ihm gern in meiner Bekanntschaft das kurze, vielsagende Wort zu: »Vater, laß drin!« Dieses Wort hat seine Geschichte.

Da war ein alter Pastor, der hielt gern bei jeder sich nur bietenden Gelegenheit eine Ansprache. Aber wegen seines hohen Alters verwirrten sich seine Gedanken, und außerdem konnte er kein Ende finden. Als er an der Seite seiner sehr vernünftigen Frau bei einer Gesellschaft wieder einmal unruhig auf seinem Stuhl hin und her rückte und immer wieder seine Hand in die innere Tasche schob, um sein Manuskript herauszuziehen, zupfte sie ihn und flüsterte ihm bittend ins Ohr: »Vater, laß drin!«

Item: Besinne dich, eh' du etwas sagst oder redest und tust, auch schreibst und sogar denkst; laß dich vom Gewissen bisweilen zupfen: Vater, laß drin!

Die rote Weste

Ein biederer schwäbischer Landmann hatte zur Beerdigung seine feuerrote Trachtenweste angezogen. Als ihn der Pfarrer deswegen tadelte, antwortete er treuherzig: »Sell macht nix, Herr Pfarrer, wenn nur's Herz schwarz ist!« Wogegen nichts zu sagen ist.

Getragen

Auf dem Bahnhof in Stuttgart sah ich eine Familie, von der ich nicht so schnell meinen Blick abwenden konnte. Ein gut gekleideter Herr stieg mit seiner leidend aussehenden Frau und einem etwa zweijährigen herzigen Büblein aus dem Zug. Sie hatten zwei Koffer und winkten einem Gepäckträger. Der nahm seinen Riemen, hängte das eine Gepäckstück nach hinten über die linke Schulter, das andere nach vorn. Dann streckte er seinen rechten Arm aus und meinte: »I kann's Kindle au noch trage!«

»Nein«, antwortet der Vater lachend und hebt das Büblein auf, »das Kindle trägt der Vater selber!«

Erfreut schaute ich der kleinen Karawane nach, und als starker Trost tönt es in meinem traurigen Herzen: »Das Kindlein trägt der Vater selber!«

Nicht so wichtig!

Ein kleiner Junge schrie nach seiner Mutter, die sich im oberen Stockwerk befand. Nachdem er mehrmals vergeblich »Mama! Mama!« gerufen hatte, sagte sein älterer Bruder zu ihm: »Warum gehst du denn nicht hinauf zur Mutter?«

Der Kleine antwortete: »Ach, so wichtig ist es nicht!«

Muß man hier nicht unwillkürlich an gewisse Beter denken, die sich wundern, warum sie keine Erhörung erleben? Liegt es vielleicht daran, daß sie beten, als ob ihnen die Sache nicht so wichtig wäre?

Mißtrauische Versöhnung

Der Jakob und der Frieder sind lange bös' miteinander gewesen. Schließlich sind sie aber der Händel müde, geben sich die Hand und versöhnen sich. Beim Abschied sagt Jakob gerührt zum Frieder: »Also, ich wünsch dir alles, was du mir wünschst!«

Da guckt ihn Frieder empört an und schreit: »So, fangst schon wieder an?«

Sind nicht auch unsere Versöhnungen zuweilen ebenso kurzlebig und unaufrichtig?

Praktische Theologie

Er war ein nüchterner und praktischer Seelsorger, der alte Pastor Zett in der ostfriesischen Dorfgemeinde, allem Überschwenglichen abhold. Ganz anders geartet war das alte Fräulein, das er von Zeit zu Zeit besuchte. Obwohl eine Ostfriesin, war ihr die nüchterne Art ihrer Landsleute fremd. Sie schwärmte gern, sang hingebungsvoll und gefühlsbetont mehr schlecht als recht Lieder zu ihrer Gitarre. Auch auf einem anderen Gebiet verleugnete sie ihre ostfriesische Herkunft: Während es in den Ostfriesenhäusern im allgemeinen blitzsauber ist, war ihre Wohnung das Gegenteil.

Eines Tages besuchte der besagte Pastor sein altes Fräulein Gesine. Das Klopfen an der Tür blieb unbeantwortet. Trotzdem trat er ein und öffnete die Küchentür – da saß Gesine auf einem Stuhl, die Gitarre umgehängt und sang.

Hinter ihr auf der Ablage hohe Stapel von schmutzigen Tellern, Tassen und Töpfen, die – wie man deutlich sah – seit Tagen darauf warteten, gesäubert zu werden.

Nachdem Fräulein Gesine kurz aufgeblickt und dem Gast ein »Willkommen« zugenickt hatte, begann sie, mit geschlossenen Augen ein Lied anzustimmen, das in der damaligen Zeit sehr beliebt war: »Meine Heimat ist dort in der Höh...«

Der erfahrene Seelsorger aber unterbrach ihren stimmungsvollen Gesang, zeigte auf den hohen Stapel schmutzigen Geschirrs und sang das angefangene Lied mit seinem eigenen Text so weiter: »... deine Arbeit ist hier in der Näh!«

Ob's geholfen hat, ist nicht überliefert.

Der Torfofen

Die freikirchliche Kapelle in dem kleinen ostfriesischen Städtchen wurde früher – das heißt, vor etwa 50 Jahren – von einem großen Torfofen geheizt. Dieses Ungetüm stand an der Stirnwand des Gotteshauses links neben der Kanzel. Ein langes Ofenrohr führte im schwungvollen Bogen über die Kanzel hinweg in die gegenüberliegende Wand und garantierte so durch seinen langen Weg eine optimale Ausnutzung der Heizkraft. Bei dem zweiten Gemeindelied vor der Predigt wurde noch einmal Torf nachgefüllt. Nun strahlte der Ofen bis zum Schluß des Gottesdienstes wohlige Wärme aus.

Man kann sich vorstellen, daß die größte Hitze den traf, der sie am wenigsten brauchte: den Pastor. Von innen erwärmt durch seine temperamentvolle Predigt, zusätzlich von außen durch das oft glühend rote Ofenrohr angestrahlt, mußte er sich ununterbrochen den Schweiß abwischen, während die Gemeinde in den hinteren Bänken fror.

Nachdem der neue Pastor diesen Zustand einen Winter lang erduldet hatte, suchte er Abhilfe zu schaffen. Deshalb besuchte er eines Abends den leitenden Kirchenältesten, um ihn zu bewegen, in dieser Angelegenheit etwas zu unternehmen. Zuerst trank man die üblichen drei Tassen Tee, sprach vom Wetter und vom Vieh. Dann rückte der Pastor mit seinem Anliegen heraus. Man redete Stunde um Stunde. Der Kirchenälteste war gar nicht so leicht zu überzeugen. Endlich schwieg er zu den Argumenten seines Pastors.

»Nun ist der ostfriesische Dickschädel besiegt!« triumphierte der Geistliche in seinem Herzen und plauderte fröhlich von allen möglichen Dingen.

Als er sich dann – lange nach Mitternacht – an der Haustür verabschiedete, räusperte sich der Älteste und meinte: »Wat ick noch seggen wull, dä Ofen blifft stahn, wo he steiht!« (Was ich noch sagen wollte, der Ofen bleibt stehn, wo er steht.) Und als unumstößliche Begründung fügte er hinzu: »Is alltied so west.« (Ist immer so gewesen.)

Pastorenkinder – Pastorenenkel (I)

Die kleine Trösterin

Damals war mein Töchterchen wohl knapp fünf Jahre alt. Während ich am Schreibtisch arbeitete, saß Gunda auf dem weichen Teppich meines Studierzimmers und blätterte in einer großen Bilderbibel. Sehr lange betrachtete sie das Bild, wo Jesus in Gethsemane auf der Erde liegt und mit dem Tode ringt. Heimlich beobachtete ich das Kind und bemerkte, daß Tränen in ihre Augen traten. Dann beugte sich Gunda über das Bild, streichelte mit ihren kleinen Patschhändchen den Heiland und sagte tröstend in unverfälschtem Hamburger Dialekt: »Wein' man nicht! Dein' Mudder kommt gleich!«

Ein Kindergebet

Meine Frau erinnert sich: Das waren noch Zeiten! Damals wohnten wir als Großfamilie unter einem Dach. Unsere Tochter war jung verheiratet und hatte ein allerliebstes Mädchen von vier Jahren. Eines Tages erwartete die Familie Besuch aus der Stadt. Die Frauengruppe mit ihren Kindern kam so gern in unsere ländliche Stille.

Das aber behagte der kleinen Rabea gar nicht. Sie hätte viel lieber mit ihren Puppen gespielt als mit dem gleichaltrigen Besuch. Beklommen fragte sie ihre Mutter: »Mami! Kommen die Leute auch, wenn es doll regnet?«

»Wenn es doll regnet«, entgegnete die Mutter, »werden sie wohl zu Hause bleiben. Aber wenn es so ein bißchen nieselt wie jetzt, dann werden sie kommen.« Nach dieser Antwort drehte die Kleine sich um, faltete spontan die Hände und betete: »Lieber Gott! Laß es ganz doll regnen, aber nicht so doll wie bei Noah!«

Es nieselte nur – und sie kamen.

Der brüllende Löwe

Zu einer Familiengeburtstagsfeier ist auch der Pastor der Gemeinde eingeladen. Alle sitzen im Kreis und singen. Der Pastor nimmt den vierjährigen Sohn der Familie auf den Schoß. Man singt das bekannte Lied: »Solang' mein Jesus lebt.« Bei der zweiten Strophe: »Er ist ein guter Hirt, der treu sein Schäflein führt« fragt der Seelsorger den Buben leise: »Der gute Hirte, wer ist das?«

Und der Bub antwortet brav: »Der Herr Jesus.«

Dann singt man die dritte Strophe: »Wenn sich die Sonn' verhüllt, der Löwe um mich brüllt.« Wieder fragt der Prediger leise: »Und wer ist der brüllende Löwe?«

Darauf der Bub: »Mein Vater!«

Fröhliche Kollekten-Geschichten

Einen fröhlichen Geber hat Gott lieb. Das ist wahr. Aber auch das gilt: Fröhliche Menschen geben gern und reichlich. Darum haben es die erfolgreichen Kollektenredner verstanden, ihre Zuhörer zum Lachen zu bringen. Dann öffnen sich Geldbörsen und Brieftaschen weit. Da auf diesem Gebiet große Nachfrage und geringes Angebot bestehen, erzähle ich nachfolgend einige fröhliche und besinnliche Kollekten-Geschichten.

Warum sich die Spendensammler verbargen

Der Talmud berichtet: Elasar war ein Mann aus Birat. Wenn den die Spendensammler sahen, verbargen sie sich vor ihm, denn alles, was er bei sich hatte, gab er ihnen.

Eines Tages ging Elasar zum Markt, um für seine Tochter die Aussteuer zu kaufen. Als die Spendensammler ihn sahen, verbargen sie sich wieder vor ihm. Er aber ging eilends hinter ihnen her und fragte sie: »Wofür sammelt ihr?«

Sie antworteten: »Für Waisenkinder.«

Da meinte er gerührt: »Diese gehen meiner Tochter vor« und gab ihnen alles, was er hatte.

Nur eine kleine Silbermünze behielt er. Dafür kaufte er sich etwas Weizen und brachte ihn auf seinen Speicher.

Als die Tochter am anderen Tag die Speichertür öffnete, war der ganze Speicher mit Weizen so übervoll, daß sich die Tür nur schwer öffnen ließ. Da lief sie ins Lehrhaus und rief ihren Vater:

»Komm und siehe, was dir getan hat, der dich liebt!«

Der gesegnete Ort

Eine alte jüdische Legende berichtet:

Die Stätte, auf der später der Tempel zu Jerusalem von Salomo gebaut wurde, gehörte in grauer Vorzeit zwei leiblichen Brüdern.

Der eine war unverheiratet, der andere hatte Frau und Kinder. Sie wohnten friedlich beieinander, bearbeiteten gemeinsam den Acker und teilten den Ernteertrag zu gleichen Teilen.

In der Nacht dachte der ledige Bruder bei sich: Ich bin allein und brauche mein Brot nicht zu teilen. Warum soll mein Anteil am Ertrag der Ernte ebenso groß sein, wie der meines Bruders? So stand er leise auf, nahm einige Bündel von seinem Ernteteil und legte sie auf den Haufen seines Bruders.

Der verheiratete Bruder sagte in der gleichen Nacht zu seiner Frau: »Mir hat Gott Weib und Kinder geschenkt, mein Bruder aber führt ein einsames Leben. Seine einzige Freude ist das Einsammeln des Getreides.« So machte auch er sich heimlich auf und legte von seinen Garben auf den Haufen des Bruders.

Am Morgen aber wunderten sich beide Brüder, daß trotz des Weggebens ihre Erntevorräte nicht weniger geworden waren.

Nachdem sich dieses »Wunder« einige Nächte lang wiederholt hatte, beschlossen sie, der Sache auf den Grund zu gehen.

Als sie in der folgenden Nacht wieder ihr barmherziges Werk verrichteten, begegneten sie einander mit Garben in der Hand. Nun wurde ihnen beiden das Geheimnis offenbar und sie umarmten sich gerührt. Ein jeder von ihnen pries Gott, daß er ihm solch einen guten Bruder gegeben hatte.

Der Ort aber, wo die beiden Brüder Barmherzigkeit geübt hatten, wurde ein gesegneter Ort, und Israel wählte ihn, um hier das Haus Gottes zu errichten.

Bedenke: Geben macht nicht ärmer und wo Menschen Barmherzigkeit üben, schaffen sie eine Stätte des Segens.

Warum die Kühe brüllten

Pastor Remmer Janssen (1850-1931), durch den Gott in Ostfriesland Erweckung schenkte, bewirkte durch sein Vorbild, daß in Strackholt eine opferbereite Missionsgemeinde entstand.

Bei einem Missionsfest rief er mit folgenden Worten zu einem Missionsopfer auf: »Ich ging gestern an einer Weide vorbei. Da brüllten die Kühe. Ich dachte, warum brüllen sie? Sie haben doch gute Weide und frisches Wasser. Da merkte ich, sie wollten gemolken werden.« Dann folgte die Anwendung: »Ihr habt euch an geistlicher Speise gelabt und den Durst eurer Seelen gestillt. Ich denke, nun wartet ihr darauf, zu geben!«

Und sie gaben reichlich.

Ein anderes Mal rief er: »Schüttet nur den ganzen Geldbeutel aus!«

»Nun habe ich so viel gegeben, daß ich nicht mehr genug Geld habe, um nach Hause zu fahren«, gestand ein Festteilnehmer seinem Freund und bat ihn um Geld für eine Fahrkarte.

Die Frauen forderte Janssen auf, ihren Schmuck dem Herrn zu opfern. Und viele gaben ihre Ohrringe und Ketten.

Er war ein Vorbild

Pastor Remmer Janssen forderte nichts an Opfern, wozu er nicht selbst bereit war. Zu den jährlichen Strackholter Missionsfesten kamen 3.000 Menschen, die alle in den Häusern verpflegt wurden. Janssen stiftete dazu eine Kuh, die er seine »Missionskuh« nannte. Auch sonst gab er das letzte weg. Seine einzige Sonntagshose schenkte er einem aus dem Zuchthaus entlassenen Mann, so daß er am Sonntag in der Alltagshose auf die Kanzel mußte. Oft gab er Speck und Würste, die unter der Küchendecke hingen, weg, so daß seine treue Haushälterin nichts mehr zum Kochen hatte.

Frommel als Kollektenredner

In Berlin fand als Abschluß des alljährlichen Gustav-Adolf-Festes ein großes Festessen statt. Viele Reden waren gehalten und mancherlei Kollekten eingesammelt worden. Da klagte ein Diasporapfarrer aus Siebenbürgen dem Oberhofprediger Emil Frommel sein Leid. Er habe gehofft, für seine arme Gemeinde auch ein Scherflein heimzubringen. Aber niemand habe an ihn gedacht.

»Ich will Ihnen helfen!« sagte Frommel spontan, nachdem ihm der Pastor die Bedürfnisse seiner Gemeinde erläutert hatte. Frommel bat um Aufmerksamkeit und sagte: »Meine Freunde! Ich werde eine Examensfrage stellen. Wer sie nicht richtig beantwortet, zahlt eine Mark für eine notleidende Siebenbürger Gemeinde. Wer sie richtig beantwortet, erhält eines meiner Bücher.«

Und dann fragte er: »Wo steht der Spruch: Die Nacht ist

keines Menschen Freund?« Zunächst Schweigen. Dann rief einer: »In den Sprüchen Salomos!« – »Nein.« Ein zweiter: »Im Buch der Weisheit.« – »Nein«. Ein dritter: »Im Buch Jesus Sirach.« – »Nein.«

In das verlegene Schweigen hinein rief Frommel triumphierend: »Es ist gar kein Spruch aus der Bibel. Es ist ein Ausspruch des Dichters Seume.«

Alle lachten. Der Diasporapfarrer aber konnte eine gute Kollekte mit nach Hause nehmen.

Verständlich gesagt

»Wenn man euch Bauern zum Geben ermuntert, macht das bei manchen nicht mehr Eindruck, als wenn ich euren Ochsen ins Horn kneife«, sagte Frommel bei einem bäuerlichen Missionsfest. Worauf ein Bauer gesagt haben soll: »Herr Pfarrer, das hammer verstande!«

Oma Winters Schriftauslegung

Oma Winter wohnte in einem entfernten kleinen Dorf, das aber noch zu unserem Gemeindegebiet gehörte. Wegen ihres Alters und des weiten Weges konnte sie nicht regelmäßig an den Gottesdiensten der Gemeinde teilnehmen.

Darum war sie hoch erfreut, als ich sie an einem schönen Sommertag besuchte. Der Kaffeetisch war gedeckt, da ich meinen Besuch angemeldet hatte. Als ich mich verabschiedete, überreichte sie mir ein Kuvert mit ihrem monatlichen Missionsopfer. Während ich den für ihre Verhältnisse hohen Betrag quittierte, fragte ich sie: »Oma

Winter, ist das nicht über Ihre Verhältnisse gegeben?«

Sie antwortete schlicht: »Das Reich Gottes steht bei mir an erster Stelle.«

»Und die anderen Verpflichtungen?«

»Nun«, entgegnete sie mir, »am Ersten bekomme ich die Rente. Und am Ersten des Monats gebe ich mein Missionsopfer. Am 15. wird das Geld knapp. Ich handle eben nach dem Bibelwort: ›Trachtet am Ersten nach dem Reiche Gottes.‹«

Selbstbedienung

Sehr bekannt ist die Geschichte, die Pastor Paul Le Seur gern bei Kollektenreden erzählte:

Eine Gutsfrau nahm ihre Tagelöhnerin mit zum Missionsfest. Als sie nach einigen Tagen fragte, wie es ihr gefallen habe, antwortete sie: »Ach, gnädige Frau, alles war sehr schön: das Singen, die Reden, der Kaffee und der selbstgebackene Kuchen. Und als zum Schluß das Geld herumgereicht wurde, habe ich mir auch eine Mark genommen.«

Das alte dicke »Ich«

Unvergessen ist der ostfriesische Pastor Hermann Hokema (1900-1988)! Unvergessen sind seine Evangelisationen und die Jahre seiner Zeltmission – besonders in Berlin! Eingegangen aber in die Geschichte ist er mit seiner Botschaft: »Dein altes dickes ›Ich‹ ist tot!« Mit dieser Botschaft hängt eine fröhliche Begebenheit zusammen, die ich berichten will.

Wir hatten Hokema – wohl 1948 – zu einer Verkündigungswoche in unsere ostfriesische Gemeinde eingeladen. Ich sehe ihn noch auf der Kanzel stehen. Aber der Gemeindegesang war ihm zu langsam. Durch energisches Vorsingen versuchte er, die Gemeinde mitzureißen. Vergeblich!

Er nickte dem Harmoniumspieler aufmunternd zu. Vergeblich! Vor der zweiten Strophe sagte er eindringlich: »Wir wollen das Lied lebendiger und beschwingter singen!« Aber es blieb alles beim alten. Denn ein ostfriesischer Organist, der von der bedächtigen holländisch-reformierten Singweise geprägt ist, gibt seine Überzeugung nicht so schnell auf.

So entstand ein edler Wettstreit: Der Evangelist zog, aber das Harmonium bremste!

Und dann geschah es! Auf Hokemas Stirn zeigten sich Unmutsfalten, der Ärger stand ihm deutlich ins Gesicht geschrieben. Und mit etwas zu energischer Stimme sagte er: »Die dritte Strophe singen wir ohne Instrument!« So sang die Gemeinde das Lied ohne Begleitung nun beschwingt zu Ende.

Nach dem Gottesdienst trafen wir uns dann zum Tee in der Wohnung des Organisten. Ich muß hier einfügen, daß Pastor Hokema und Organist ter Haseborg seit vielen Jahren Freunde waren. Nach der dritten Tasse Tee sagte Fokko, der Harmoniumspieler, in echtem Ostfriesen-Plattdeutsch:

»Du, Hermann, ick wull di watt seggen!«

Hokema schaute seinen Freund fragend an.

»Eben, in Kark (Kirche), dor was din ›Ick‹ nich dod!«

Stille. Dann antwortete Hokema mit freundlichem Lächeln: »Fokko! Min ›Ick‹ dat was dod, man – ick harr't vergeten!« Womit seine Theologie gerettet war!

Auf schwäbisch gelobt

Carsten Petersen, ein Sohn der Nordseeküste, war Student der Theologie in Tübingen. Da er kurz vor dem Abschluß seines Studiums stand, hatte er eine Ferienvertretung in dem nahegelegenen Dorf Lustnau übernommen.

Früh am Sonntagmorgen machte er sich zu Fuß auf den Weg. Es war ein wunderschöner Sommertag.

Freundlich wurde er von dem Kirchenvorsteher, einem angesehenen Bauern, empfangen und bewirtet. Und dann war es soweit.

Nach einem stillen Gebet in der Sakristei betrat er die Kanzel der kleinen Dorfkirche. Freudige Erwartung lag auf den Gesichtern der Zuhörer. Mit großer Freude hielt er seine Predigt und hatte den Eindruck, Gottes Segen habe auf dem Gottesdienst gelegen.

Nachdem er in dem gastfreien Hause des Kirchenvorstehers eine echt schwäbische Mahlzeit eingenommen hatte, stellte er die Frage, die ihm auf der Seele brannte: »Sagen Sie mir ganz offen, wie war meine Predigt?«

Der also Gefragte sah ihn freundlich an und antwortete in seinem schwäbischen Dialekt: »Von Ihrer Predigt kann i nur sage, sie war ohne Inhalt und ohne Anstand.«

Das war für den armen Kandidaten nun doch zu viel. Ohne Inhalt und ohne Anstand! Konnte es denn eine vernichtendere Kritik geben? So hoffnungsfroh er gekommen war, so bedrückt war er jetzt.

»Warum sind Sie denn so trübsinnig?« fragte ihn der Kirchenvorsteher.

»Ist das ein Wunder?« entgegnete der Kandidat. »Wenn man über seine Predigt ein solch vernichtendes Urteil hört?«

»Ja, wer hat das denn getan?«

»Na, Sie doch!«

»Ich?«

»Sie haben doch gesagt, meine Predigt sei ohne Inhalt und Anstand!«

Ganz erschrocken hörte der Vorsteher diesen Vorwurf. Dann aber ging ihm plötzlich ein Licht auf. Er lachte herzlich. Und nur mit Mühe erwiderte er im einwandfreien Hochdeutsch: »Sie kennen halt unsere schwäbische Sprache nicht. Ich sagte, Ihre Predigt war ohne ›Inhalt‹; denn ohne das geringste Innehalten, ohne zu stocken, haben Sie die Predigt gehalten. Und ohne ›Anstand‹! Alles, was Sie sagten, war nicht zu beanstanden!«

Es tat dem Schwaben herzlich leid, daß man ihn so mißverstanden hatte. Der Kandidat aber wanderte frohen Herzens an den Neckar zurück.

Der heimliche Manteltausch

Pastor *August Broda* (1867-1932), der »Bischof von Gelsenkirchen«, war ein schlichter und bescheidener Mann. Das Wohlergehen der ihm anvertrauten Herde lag ihm mehr am Herzen als die Erfüllung seiner eigenen Wünsche. So kam es, daß ihn seine Familie über lange Zeit vergebens bat: »Kaufe dir doch endlich einen neuen Wintermantel!«

»Ach, laßt doch«, entgegnete er immer wieder, »der alte tut's noch ein Jahr.«

Da beschloß die Familie, eine List anzuwenden. Heimlich kaufte man für das Familienoberhaupt einen neuen Mantel. Es war ein besonders teurer, weil er voraussichtlich wieder viele Jahre getragen würde. Heimlich tauschte man ihn um und hängte ihn an den Platz, wo sich sonst der alte befand. Den alten gab man schnell weg, damit die List nicht offenbar würde.

Und in der Tat. Es klappte vorzüglich! Broda merkte nichts und trug weiterhin in stiller Zufriedenheit den alten – neuen Mantel.

Aber nicht lange. Und das kam so. Eines Vormittags, als Broda allein im Hause war, klopfte ein durchreisender Handwerksbursche an seine Tür. Es war bitterkalt. Der Arme hatte den Kragen seiner dünnen Jacke am Hals hochgeschlagen, ohne daß er davon gewärmt wurde. Es war offensichtlich – dieser Mann brauchte dringend einen Mantel.

Da erinnerte sich Broda, daß seine Familie ihn immer gedrängt hatte, sich einen neuen Mantel zu kaufen. Da könnte er doch getrost den alten verschenken!

Gedacht – getan. Beglückt zog der Frierende den angeblich alten Mantel an und verabschiedete sich mit vielen Dankesworten.

Als Brodas Frau gegen Mittag vom Einkauf zurückkehrte, sah sie, daß der Platz, an dem sonst der Mantel hing, leer war.

»Ich habe den alten Mantel einem frierenden Bettler geschenkt!« sagte Broda fröhlich. »Nun könnt ihr mir einen neuen kaufen!«

Was weiter geschah, möge sich der Leser selbst ausmalen.

Ein unvergessenes Original

»Die besten Geschenke Gottes sind Menschen.« Dieser Ausspruch von Julius Janssen (1880-1964) gilt auch für ihn selbst. Janssen wurde als Missionarssohn in Delmenhorst geboren. Er hat einmal rückblickend auf sein Leben gesagt, daß es seine Mutter war, die ihn früh beten lehrte, und sein Vater, der ihm das Herz für die Mission erwärmte. Der plötzliche Tod seiner sieben Jahre alten Schwester war der Anlaß seiner Bekehrung. Nach einer Berufung zum Predigtdienst besuchte er von 1899-1901 das Predigerseminar in Hamburg-Horn. Es folgten Jahre des Studiums an den Universitäten Halle (1901-1904) und Berlin (1905-1911). Im gleichen Jahr wurde er als Dozent an das Prediger-Seminar in Hamburg berufen, wo er 34 Jahre einen gesegneten Dienst tat. Er war nicht nur der Lehrer, sondern auch der Seelsorger seiner Studenten. Nach seiner Ausbombung in Hamburg zog er nach Einbeck, wo er nach einem friedvollen Ruhestand 1964 heimging.

Ein schelmischer Rat

Janssen war der unverwechselbar geprägte Lehrer einer ganzen Predigergeneration. Ich sehe ihn noch vor uns Studenten sitzen: einen kleinen zarten Mann mit totaler Glatze, aber lebhaften und freundlichen Augen. Nachdenklich reibt er seine Schläfen, bevor er auf unsere Fragen antwortet. Er war ein kluger Mann, der ein großes Wissen hatte. Wir nannten ihn heimlich »das wandelnde Lexikon«.

Als wir kürzlich im Kreis einiger Senioren-Pastoren auf ihn zu sprechen kamen, erzählte einer: »Wir fragten Bruder Janssen im Unterricht, wie Paulus wohl eine mehrfach zu deutende Bibelstelle gemeint habe. Er merkte sofort, daß wir ihm irgendwie eine Falle stellen wollten und antwortete: ›Liebe Brüder, das weiß ich auch nicht mit Sicherheit. Am besten ist es, Sie fragen ihn selbst, wenn Sie ihn droben treffen!‹«

Zwei »Erfindungen des Teufels«

Janssen war ein Sprachengenie. Seine erfolgreichste Entdeckung beim Sprachstudium war das Häufigkeitsprinzip. Je öfter ein Wort vorkommt, um so wichtiger ist seine Einprägung. Es zeugt von seinem Bienenfleiß, wenn er schreibt: »In eineinhalb Jahren habe ich die Häufigkeit der Wörter im griechischen Wörterbuch zum Neuen Testament durchgezählt ... in weiteren eineinhalb Jahren das hebräische Wörterbuch.«

Damals gab es noch keine Computer, die solche Arbeit heute schnell verrichten. Aber ich befürchte, er hätte sie auch nicht benutzt. Denn in einem persönlichen Gespräch sagte er mir einmal – zwar lächelnd, aber doch ernst gemeint –: »Zwei Dinge hat der Teufel in seinem Zorn erfunden: die Schreibmaschine und das Motorrad.« Darum benutzte er auch nie eine Schreibmaschine.

Die Entrückung

Im Unterricht am Seminar wurde über die Entrückung theologisch gearbeitet. Als Einstieg fragte Janssen: »Wie stellen Sie sich die Entrückung vor?«

Darauf ein Student, der als schlagfertig bekannt war:

»Ich denke mir, Sie kommen am Morgen zum Unterricht in die Klasse, und ... die Klasse ist leer!« Nach einem fröhlichen Lachen ging es dann mit großem Ernst an diese wichtige Frage.

Der Seelsorger

Zu dem besonderen seines Lehrdienstes gehörte auch, daß er für viele Studenten der Seelsorger war. In einem Aufsatz für eine Festschrift hat Janssen geschrieben: »Man sieht es ja den jungen Brüdern schon an der Haltung und an den Augen an, wie ihr inneres Leben steht.« Dazu ein Beispiel:

In einer Unterrichtspause sprach »Onkel Julius« – so wurde er liebevoll genannt – auf der Treppe des Lehrgebäudes einen Studenten an: »Ich sehe, Sie haben irgend etwas durchzukämpfen. Ich will nicht wissen, was es ist. Ich möchte Ihnen nur sagen: Halten Sie sich an die Gnade! Ich werde für Sie beten. Gott segne Sie, lieber Bruder!« Sprach's, gab ihm die Hand und ging schnellen Schrittes die Treppe hinab.

Acht Tage später, wieder in der Pause, sagte er zu ihm: »Ich sehe, lieber Bruder, Sie haben es überwunden! Ich freue mich mit Ihnen. Gott segne Sie!«

Strahlend sah er ihm in die Augen, drückte ihm fest die Hand und ging in seinen Unterricht.

Die erste Gemeinde

Wenn ich als Student Gast in dem Hause meines Lehrers Janssen sein durfte, ergab sich oft die Gelegenheit zu ganz persönlichen Gesprächen.

Als ich ihn um Rat für den zukünftigen Gemeindedienst bat, sagte er mir einmal in seiner humorvollen Art: »Lieber Bruder. In der ersten Gemeinde müssen Sie nicht lange bleiben, höchstens vier Jahre. Machen Sie da alle Fehler, die es gibt, aber lernen Sie daraus. Und dann versuchen Sie mit Gottes Hilfe, es in der zweiten besser zu machen.« Außerdem gab er mir den Rat: »Fühlen Sie sich als Anfänger nicht gleich zum Reformator berufen, der alles besser kann und weiß. Lernen Sie alles gründlich kennen und warten Sie ab!«

Gut geantwortet

Bei einer Klassenfeier erzählte uns Janssen folgendes:

Philipp Bickel, Direktor des Oncken Verlages, beschäftigte mehrere Bibelboten, die von Tür zu Tür gingen, um Bibeln und christliche Literatur anzubieten. Oft mußten sie Ablehnung und Spott ertragen. Aber sie erlebten auch, wie ihnen im rechten Augenblick das rechte Wort von Gott geschenkt wurde.

Als ein Bibelbote ein Wäschegeschäft betrat, fragte ihn spöttisch der Geschäftsinhaber, ob er ihm den Unterschied zwischen einer Bibel und einer Unterhose sagen könne.

Blitzartig kam dem Bibelboten die Antwort: »Jawohl, das kann ich! Der Unterschied besteht darin, daß die Unterhose die Schande eines Menschen zudeckt, wohingegen die Bibel seine Schande aufdeckt.«

Beschämt zog sich der Geschäftsinhaber zurück.

Zurechtgewiesen

In den Anfangsjahren unseres Jahrhunderts war David Huppenbauer Kurhausdirektor im christlichen Kurhaus »Palmenwald« in Freudenstadt (Schwarzwald). Er hatte das Baseler Missionshaus besucht und als Missionar an der Goldküste gearbeitet, bis man ihm die Leitung dieses Kurhauses übertrug.

Es bedeutete für die Gäste eine hohe Auszeichnung, zum Mittagessen an seine Tafel geladen zu werden.

Eines Tages befand sich unter den so Geladenen auch ein junger, aber eingebildeter Student der Theologie. In vorlauter Weise ergriff er an der Tafel das Wort und vertrat selbstsicher und streitsüchtig die Meinung, daß Büchner recht habe, wenn er behaupte: »Der Mensch ist, was er ißt.«

Huppenbauer schwieg.

Da aber fügte es sich, daß man als Nachtisch zu einer Tasse Kaffee Windbeutel anbot. Und als der Studiosus kräftig zulangte, meinte der Gastgeber lachend: »Das ist wohl Ihr Lieblingskuchen? Davon haben Sie, scheint's, in Ihrem Leben schon viele gegessen!«

Man kann sich das Vergnügen der Tischgesellschaft vorstellen.

Der selbstsichere Student aber wurde ganz verlegen und verließ vorzeitig den Raum.

Kindliches Mißverständnis

Da die Eltern der kleinen Birgit für einige Tage verreisen mußten, kam die Fünfjährige zur Oma, die sich sehr auf ihre Enkelin freute. Sie ging mit ihr Eis essen und auf den Jahrmarkt, wo die Kleine Karussell fahren durfte und dem Kaspertheater zuschaute.

Am Sonntag nahm Oma das Kind mit in den Gottesdienst der Stadtkirche. Zum Leidwesen der Oma hielten ihre Kinder wenig vom Glauben, so daß Birgit zum ersten Mal an einem Gottesdienst teilnahm.

Da Oma ein wenig schwerhörig war, saß sie – wie immer – auf einer der ersten Bänke unter der hohen Kanzel.
Der Pastor war ein temperamentvoller Mann. Er sprach laut und deutlich und hatte eine lebendige – um nicht zu sagen theatralische – Art zu predigen. Als die Predigt ihrem Ende zustrebte, streckte er die Arme aus, ballte die Fäuste wie ein Gerichtsprophet und kündete drohendes Unheil an. Dann aber breitete er die Arme weit aus, um die einladende Liebe des guten Hirten zu demonstrieren. Mit einem zweifachen »Amen! Amen!« beschloß er seine Predigt.

Erschöpft hingen seine Arme über die Kanzelbrüstung, die Augen waren geschlossen, das Haupt demütig geneigt.

Er wußte, wie gut diese Pose auf die Zuhörer wirkte, darum verharrte er einige Augenblicke in dieser Haltung.

Aber das hätte er nicht tun sollen, denn Klein-Birgit, die ja wenig von dem Inhalt der Predigt verstanden hatte, war um so aufmerksamer den Bewegungen des geistlichen Herrn gefolgt.

Als sie ihn nun so unbeweglich dort stehen sah, stieß sie ihre Oma an und rief erschrocken in die lautlose Stille der Kirche hinein: »Oma! Nun ist der Kasper tot!«

Ein schwäbisches Original

Als Karl Bornhäuser (geb. 1868), der spätere Professor der Theologie, noch Student in Karlsruhe war, begegnete er dort dem Diakonissenhauspfarrer Walter. Gern besuchte er dessen Gottesdienste. Walter war ein prachtvolles schwäbisches Original. Auf dem kräftigen Körper saß ein mächtiger Kopf, der durch dichte graue Locken noch gewaltiger wirkte.

Auch ein Diakonissenspruch

Der wißbegierige und bescheidene Student Bornhäuser gewann bald das Vertrauen des Diakonissenpfarrers.

Eines Tages gingen beide – im Gespräch über Diakonie vertieft – durch die stark belebte Hauptstraße. Plötzlich blieb Walter stehen, ließ die Menschen links und rechts unbeachtet an sich vorüberfluten und sagte, indem ihm ein Seufzer aus tiefster Seele drang: »Lieber junger Freund, Weiber sind halt schwer zu regiere!«

Sprach's, wischte sich die erhitzte Stirn mit dem Taschentuch und ging fröhlich weiter.

Das schwäbische Büble

Bei einem Jahresfest des Diakoniewerkes sprachen mehrere Redner über die Auferstehung.

Nachdem verschiedene theologische Standpunkte dargelegt waren, betonte Walter in seinem Schlußwort die Auferstehung des Fleisches. Er bekannte sich zu dem Wort Oetingers: »Leiblichkeit ist das Ende der Wege Gottes.«

Und dann sagte er: »Mit der Auferstehung geht es mir gerade wie dem schwäbischen Büble. Das ist mit seinem älteren Bruder ans Grab der Mutter gegangen, die jüngst verstorben war. Da sagte der Ältere – das ist schon so ein gescheiter gewesen, denn heutzutage werden die Bube schon früh gescheit –: ›Muscht net so heule, weischt, das da unten im Grab ischt nur die Hülle. Der Geischt, der ischt bei Gott!‹ Darauf sagte der Kleine: ›Das gefallt mir net. I will mei Sach beisamme habe.‹«

In die begreifliche Heiterkeit der Gemeinde hinein sprach Walter dann weiter: »So denke ich auch. Wenn ich einmal auferstehe durch Gottes Gnad, dann will ich nicht da oben rumschwebe als ein Geischt, dann will ich auferstehen als der Pfarrer Walter.«

Ein leutseliger und gottfröhlicher Menschenfreund

So hat man Johann Friedrich Flattich *genannt, der von 1713-1798 lebte und Pfarrer in Hohenaspberg, Metternzimmern und Münchingen in Württemberg war. Als Schüler Bengels und Freund der Pietisten lebte er dennoch weltoffen. Mutterwitz und Schlagfertigkeit zeichneten diesen schlichten und immer hilfsbereiten Seelsorger aus. Zahlreiche Anekdoten haben ihn zu einem der bekanntesten Originale der Württembergischen Kirche gemacht. Hier einige Beispiele.*

Im Gewand der Armut

Flattich war klein von Statur. Sein Gesicht mit der kräftig gebogenen Nase war von eigenartiger Schönheit. Auffallend die Schlichtheit, ja fast Nachlässigkeit seiner Kleidung. Er wollte eben »ein Nachfolger Christi sein, der Knechtsgestalt angenommen hatte«. Denn »die da weiche Kleider tragen, sind in der Könige Häuser«.

Die graue Perücke

So trug er ein wachsleinernes Käppchen und nach damaliger Sitte eine Perücke, freilich eine graue, die seinem Alter entsprach.

Als man ihn bat, doch eine jugendlichere zu wählen, meinte er: »Eine graue muß es sein, damit ich nicht allzusehr die Wahrheit und die Tage meines Alters verleugne.«

Wann immer er eine neue Hose bekam, wurde sie bald an den Knien fadenscheinig, denn Flattich war ein Beter, der viel Zeit auf den Knien verbrachte.

Seine lange Jacke hatte an beiden Seiten große Außentaschen. In denen trug er immer kleine Geschenke für die Kinder bei sich.

Nicht gepudert

Die Ablehnung alles Modischen in Kleider- und Haartracht hatte bei Flattich – gezwungenermaßen – noch einen weiteren Grund, seine Sparsamkeit. Es bestand die Mode, die Haare mit feinem Mehl zu pudern.

Nun war Flattich zu einem Gastmahl Herzog Karls eingeladen. Alle Köpfe waren gepudert, nur bei Flattich sah man kein Mehlstäubchen.

»Warum hat Er sich denn nicht gepudert?« fragte der Herzog und erhielt zur Antwort:

»Weil ich mein Mehl zu den Knöpfle brauche.«

Schwarz-seidene Strümpfe?

Eine adelige Dame wollte ihm ein Paar schwarz-seidene Kniestrümpfe schenken.

Flattich jedoch lehnte ab, indem er sagte, die Strümpfe würden ihn mehr als 1000 Gulden kosten. Gefragt, wie er das meine, zählte er seinen ganzen Haushalt auf und zeigte, daß seine und seiner Familie Kleider, sein Hausrat, seine blechernen Löffel nicht mehr dazu passen würden. »Alles müßte neu angeschafft werden, um der seidenen Strümpfe würdig zu sein.«

Wie eine Liebe die andere pflanzt

Im Nachbarort hatte ein Dekan, mit dem Flattich in früherer Zeit befreundet war, seinen Dienst begonnen. Darum machte er sich eines Tages auf den Weg, den alten Freund zu begrüßen.

Als er an dem Dekanatshaus die Glocke zog, schaute die Frau Dekanin zum Fenster heraus. Weil sie ihn für einen Handwerksburschen hielt, wollte sie ihm einen Zehrpfennig herabwerfen.

»Ich muß zum Herrn Dekan!« rief Flattich hinauf.

Unwillig öffnete sie die Tür und sagte streng dreinschauend: »Mein Mann liegt auf dem Sofa und schläft.«

Flattich ließ sich aber nicht abhalten, sondern ging auf die Tür zu. In großer Erregung bedrohte die Frau mit aufgehobenen Fäusten den unverschämten Bettler, für den sie ihn hielt. Durch diese Unruhe wurde der Schläfer wach. Kaum sah er seinen Jugendfreund, eilte er auf ihn zu und umarmte ihn.

Die erschrockene Hausfrau entschuldigte sich und bot dem Gast Speise und Trank an.

Flattich aber sagte lachend: »Da kann man sehen, wie eine Liebe die andere pflanzt. Eben noch hätten Sie mich fast erstochen vor Ärger und Ingrimm, jetzt aber, weil Sie gesehen haben, daß der Herr Dekan freundlich gegen mich ist, sind Sie es auch geworden. Darum sollten wir Liebe üben, daß es andere nachmachen.«

Gottes Kostgänger

Flattich aß seinen einfachen Mittagsbrei gewöhnlich an einem Tisch ohne Tischtuch. Neben seinen Teller tat er einen Löffel voll Brei auf die hölzerne Tischplatte, damit auch seine Gäste, die Fliegen, satt würden. Denn – so sagte er – »der liebe Gott hat vielerlei Kreaturen in seiner Welt«.

Ein Paar neue Strümpfe

Sehr bekannt ist die Geschichte von dem mittellosen Handwerksburschen, dem Flattich sein bestes Paar Strümpfe schenkte. Als seine Frau meinte, ein Paar schlechte hätten es doch auch getan, gab er die berühmt gewordene Antwort: »Schlechte hatte der Handwerksbursche selber.«

Der Wunderstein

Eines Tages kommt eine Frau zu Flattich und beklagt sich über über ihren Mann, der ein Rohling und ein Trinker ist: »Wenn ich ihn schelte, schlägt er mich. Rede ich ihm ins Gewissen, treibt er es um so ärger!«

Flattich rät der Frau, es doch einmal mit Schweigen zu versuchen. »Ja, wer da schweigen könnte!« ruft die Frau verzweifelt aus.

Flattich denkt nach. Dann sagt er ihr: »Ich habe ein gutes Mittel, einen Wunderstein, der hilft bestimmt.« Er holt aus seinem Schrank einen kleinen flachen Kieselstein, gibt ihn der Frau und meint: »Er sieht aus wie ein gewöhnlicher Stein, hat aber eine wunderbare Kraft! Wenn dein Mann betrunken heimkommt, legst du diesen Stein unter die Zunge. Aber gib acht, daß er dort liegen bleibt!«

Die schlichte Frau begreift das alles zwar nicht, ist aber bereit, es gleich auszuprobieren. Als der Mann wie üblich betrunken heimkommt, tut sie, was Flattich ihr geraten hat. Er schimpft – sie aber schweigt, denn mit einem Stein im Mund kann man nicht reden. Er poltert – doch sie ist still und achtet darauf, daß der Wunderstein unter der Zunge bleibt. Als bei seinem Lärmen das altgewohnte Zanken der Frau unterbleibt, schaut der Mann sie ungläubig und verstört an. Dann zieht er sich knurrend in seine Kammer zurück. Und sie kommt ungeprügelt ins Bett. Das wiederholt sich nun Tag für Tag, mehr als eine Woche lang.

Angesichts dieser neuen Situation kommt der Mann zur Besinnung, bis er ihr gesteht: »Oh, Weib, wie geduldig bist du und wie schlecht habe ich gehandelt!« Er bittet sie um Verzeihung, gibt dem Wirtshaus und den alten Saufbrüdern den Abschied und beginnt ein neues Leben.

Das Wunder

Vor Jahren hatten wir in der Zeltmission einen Volksmissionar, der sich durch Nebenstudien allerlei medizinische Kenntnisse – besonders auf dem Gebiet der Naturheilkunde – angeeignet hatte.

Das sprach sich natürlich bald herum, und so half er hier und da in selbstloser Weise.

Eines Tages war er anläßlich eines Missionseinsatzes bei einer jungen Familie untergebracht. Am Mittagstisch erzählte der Ehemann, daß ihn das Rheuma arg plage, und die Frau gestand ihren geheimen Wunsch nach einem zweiten Kind, das sich durchaus nicht einstellen wollte. Hilfsbereit verordnete der Evangelist beiden eine rezeptfreie Medizin.

Nach Monaten kehrte er auf der Durchreise wieder bei ihnen ein. Da erzählten beide voller Freude, daß die Medizin geholfen habe: Der Mann war frei von Rheuma, und die Frau erwartete voller Freude ein Baby.

Als sie dann im Verlauf des Gesprächs von ihrer Medizin sprachen, die so wunderbar geholfen habe, stellte der »Medizinmann« erstaunt fest, daß sie beide ihre verordnete Medizin verwechselt hatten. Und – o Wunder! – durch die Medizin des Mannes war die Frau in guter Hoffnung. Und die Frauenmedizin hatte das Rheuma des Mannes vertrieben.

Und da sage noch einer, es geschehen keine Wunder mehr!

Fröhliche Ökumene

Der Rock

Professor Helmut Thielicke hielt in Trier einen Vortrag, als dort der Heilige Rock ausgestellt war. Nach dem Vortrag kam die »Hohe Geistlichkeit« der Stadt zu einem kleinen Imbiß zusammen.

Bei dieser Gelegenheit erlebte Thielicke, wie sich der evangelische und der katholische Geistliche freundschaftlich neckten.

Der Lutheraner begann: »Herr Stiefbruder! Der Heilige Rock von Trier ist nicht echt!«

»Doch«, entgegnete sein katholischer Amtsbruder, »gewiß ist er echt! Der Heilige Vater hat ihn doch selbst gesegnet!«

Darauf der andere: »Aber trotzdem ist er nicht echt: Ich hab mal dahinter geschaut und ein Etikett von Neckermann gesehen!«

Natürlich hatte der Protestant die Lacher auf seiner Seite.

Nach einiger Zeit aber hatte der Priester sich gefaßt und ging zum Gegenangriff über:

»Herr Stiefbruder! Der Heilige Rock von Trier ist doch echt. Ich habe in die Tasche gelangt und – ob Sie es glauben oder nicht – ich habe noch die Einladungskarte für die Hochzeit von Kana gefunden!«

Im Regen

In einem ostfriesischen Dorf geschah fröhliche Ökumene so:

Der lutherische Pastor und der Laienprediger der Baptistengemeinde waren gute Freunde.

Als sie von einer gemeinsam besuchten Veranstaltung nach Hause gingen, begann es leicht zu regnen.

Der Lutheraner spannte seinen Schirm auf und sagte in Anspielung auf die baptistische Taufpraxis: »Ihr Baptisten habt ja keine Angst vor dem Wasser!«

»Aber vor der Besprengung!« antwortete dieser schlagfertig und suchte Schutz unter dem lutherischen Regenschirm.

Am Dorfweiher

Vier Freunde zwischen acht und zehn Jahren kommen an einem heißen Sommertag aus der Schule. Am Dorfweiher überfällt sie die Lust, schnell ein kühles Bad zu nehmen.

Da sie keine Badehose bei sich haben, entscheiden sie: Es geht auch ohne – und springen splitternackt in die kühle Flut.

Als sie dann am Ufer toben, kommt der katholische Geistliche vorbei und mahnt: »Aber ihr Jungen! Schämt ihr euch denn nicht?«

Darauf hupfen drei spornstreichs ins Wasser. Nur der vierte bleibt am Ufer stehen.

»Na, und du?« grollt der Pfarrer.

Da antwortet der Junge: »Hochwürden, ich bin evangelisch!«

Fröhlicher Religionsunterricht

Hier sollen nicht einfach »Witze« erzählt werden, sondern fröhliche Antworten, kindliche Mißverständnisse, hinter denen der nachdenkliche Leser theologische Inhalte entdecken kann.

Das Motiv

Fritz hat seinen Freund Franz, der auf dem Eis eingebrochen war, tapfer und umsichtsvoll vor dem Tode des Ertrinkens gerettet.

Im Konfirmandenunterricht kommt der Pastor darauf zu sprechen. Er meint, dies sei ein leuchtendes Beispiel dafür, daß niemand eine größere Liebe habe, als sein Leben für den Freund zu wagen.

»Dieser Gedanke hat dich sicherlich geleitet?« fragt der Pastor.

Beschämt senkt Fritz den Kopf, dann antwortet er: »Der Franz hat ja meine Schlittschuhe angehabt!«

Gedanken lesen

Wie sehr die Fernsehwerbung auch schon die Kinder beeinflußt, zeigt folgendes Erlebnis:

Ein Pfarrer erzählte den Kindern die Geschichte von der Stillung des Sturmes. Anschaulich schilderte er, wie die Jünger im Schiff von Wind und Wellen bedroht wurden. »Was meint ihr wohl«, fragte er die Kinder, »was die Jünger da in ihrem Herzen dachten?«

Da rief einer spontan: »Hoffentlich Allianzversichert!«

Bibelkenntnis

Im Unterricht müssen die Kinder die Bibel aufschlagen und die Geschichte vom Scherflein der Witwe aus Markus 12 vorlesen. Nach Vers 42 unterbricht die Lehrerin und fragt: »Ein Heller, wieviel ist das wohl?«

Darauf meldet sich Gretchen als einzige und antwortet: »12 Mark 42 Pfennig.«

»Wie kommst du darauf?«

»Hier steht doch: Mark. 12,42!«

Bildersprache

Der Pastor fragt die Kinder, warum wohl auf Bildern der Teufel schwarz dargestellt werde.

Da meint Anton: »Der ist in der Hölle geräuchert.«

Mißverständliche Sprichwörter

Der Prediger fragt die Kinder, was sie sich bei dem Sprichwort »Müßiggang ist aller Laster Anfang« denken.

Da meldet sich Daniel und sagt: »Was ein Laster ist, weiß ich. Das ist ein großer Lastwagen. Aber den ›Müßiggang‹ kenne ich nicht. Ist das der Leerlauf?«

Schwere Frage

Der junge Vikar stellt den kleinen Kindern die schwere Frage: »Was sind Unterlassungssünden?«

Zunächst betretenes Schweigen. Dann meint die kleine Julia: »Das sind sicher Sünden, die wir vergessen haben zu tun.«

Die Weihnachtskrippe

In der Weihnachtszeit ist im Konfirmandensaal eine Krippe aufgebaut. Der Pfarrer will den Kindern das Wunder der Weihnacht näherbringen. Darum fragt er: »Seht ihr, wie Ochs, Esel und Schafe die Krippe umringen, ohne sich zu drängen und zu stoßen? Warum stehen die wohl so friedlich nebeneinander?«

Da antwortet ein Schüler: »Weil sie aus Holz sind!«

Ludwig will nicht mehr beten

Der kleine Ludwig wird angehalten, jeden Abend zu beten. Nach einiger Zeit stellt die Mutter fest, daß er nicht mehr betet. Als sie ihn nach dem Grund fragt, mault er:

»Ach Mutti, der Storch bringt die kleinen Kinder nicht, der Osterhase legt keine Eier, Weihnachtsmann und Christkind gibt es nicht, da wird an der Geschichte vom lieben Gott auch nichts dran sein.«

Gottes Namen nicht unnütz im Munde führen

Die Lehrerin erzählt den Abc-Schützen vom lieben Gott. Die Kleinen hören andächtig zu, bis sich Gerda meldet: »Fräulein, ich habe den lieben Gott schon gesehen.«

»Na, dann erzähl mal davon«, sagt die Lehrerin, die über die fromme Phantasie des Kindes erfreut ist.

»Letzte Woche sind Papa und ich spazieren gegangen und da ist uns ein ganz alter Mann mit einem langen weißen Bart begegnet. Da hat der Papa ganz erstaunt gerufen: ›Ach du lieber Gott, wo kommst du denn her?‹«

Lachen ist siegen

Missionsdirektor Friedrich Wilhelm Simoleit *wurde 1873 in Memel geboren. Von 1893 bis 1897 besuchte er das Predigerseminar in Hamburg-Horn. Nach dreijährigem Gemeindedienst in Flensburg wurde er an die traditionsreiche Gemeinde Berlin-Schmidstraße berufen. Sein eigentliches Lebenswerk aber tat er von 1919-1939 in Neuruppin. Hier war er zunächst Missionsinspektor des Bergemann-Verlages. 1923 wählte man ihn zum Direktor der baptistischen Missionsgesellschaft, die ihre Arbeit in Kamerun tat. Als Bundesdirektor und als Vizepräsident des Baptistischen Weltbundes zeigte er seine Qualitäten als geistlicher Leiter. Simoleit starb 1961. Nachfolgend einige Erlebnisse, die er im »Neuruppiner Missionsboten« veröffentlichte.*

Verregneter Ausflug

Wir Seminaristen in Hamburg machten in jedem Jahr einen Ausflug. Alles war sehr bescheiden, fast ärmlich. Keiner hatte Geld für unnötige Dinge. Jeder aber freute sich, für einen Tag der Schulluft zu entkommen. Meistens ging es in die Holsteinische Schweiz, wo es freilich keine hohen Berge und eisgekrönte Firnen gab. Aber im Leben hat ja so vieles einen großen Namen und eine kleine Wirklichkeit.

Mit großer Begeisterung und lautem »Wem Gott will rechte Gunst erweisen, den schickt er in die weite Welt ...« zogen wir in aller Morgenfrühe hinaus. Einem bescheidenen Menschen kann die »weite Welt« schon ein paar Kilometer hinter dem Stadttor beginnen, ein unbescheidener findet sie auch hinter dem Nordpol nicht.

Auch Ferientage können zu schweren Examenstagen werden. Einmal verregnete uns unser Seminarausflug. Am Morgen schien die Sonne, um zehn Uhr wurde es trüb, von zwölf Uhr ab regnete es bis in die Nacht hinein. Es ist erstaunlich, wie viele Hüllen von dem sonst so sorgsam bewachten Innern des Menschen abfallen, wie sich Frömmigkeit, Erziehung und Charakter des Menschen an einem verregneten Ausflug offenbaren.

Einer unserer Brüder behielt seinen unverwüstlichen Humor. Er sprang lustig über alle Pfützen und freute sich köstlich darüber, daß die schwarzen Wolken nicht Feldsteine, Teer oder giftige Schlangen, sondern nur klares, weiches Wasser weinen konnten. Er pries noch Gottes Güte und sang davon, daß wir »alle Tage Sonnenschein« hätten.

Der frohe Mann lebte an dem Tag über den Regenwolken und war uns allen eine Hilfe!

Lachen ist oft siegen!

Die Probepredigt

Auf dem Seminar – so erinnert sich Simoleit – mußten wir eine Probepredigt halten, die dann von den Hörern der Klasse kritisiert wurde. Als ich das erstemal an der Reihe war, ist es mir miserabel dabei ergangen. Die Reihenfolge der predigenden Opferlämmer wurde durch den Anfangsbuchstaben ihres Namens bestimmt. Ich kam mit meinem S also reichlich spät an die Reihe. So hatte ich zuvor viele Gelegenheiten, »meine große Gabe zur Kritik« an anderen zu üben. Das habe ich mit jugendlichem Freimut denn auch tapfer getan. Mir hat das gut gefallen; es hat mir aber Schlimmes eingebracht.

Eines Tages war es soweit: Ich sollte probepredigen! Ich nahm meinen besten Schimmel aus dem Stall, zäumte ihn noch extra fein auf und war meiner Sache erheblich sicher. Es war dasselbe Predigtlein, das ich schon in der Heimat gehalten hatte, und da hatte mir ein alter harthöriger Bruder hernach gesagt: »Fritzche, das war heute ein schöner, schöner – Text!«

Ich hatte mir gedacht: Der schöne Text wird doch wohl auf die Predigt abgefärbt haben, und ich hielt diese Predigt für unbedingt würdig, als Klassenprobepredigt verwendet zu werden. Ein bißchen ängstlich war mir ja, wenn ich an meine Sünden als Kritiker dachte; aber ein verwegener Optimismus ließ mich mutig beginnen und auch zum Ende kommen.

Dann kam die übliche Kritik der weniger andächtigen als angriffigen Zuhörer. Was habe ich alles zu hören bekommen! Aber auch nichts war gut. Selbst die Klassenkollegen, die sich sonst bei den Fragen der Lehrer in vornehmes Schweigen hüllten, entwickelten eine erstaunliche Beredsamkeit.

Ich war total zerknirscht und saß da wie ein beregnetes Huhn.

Schließlich ergriff unseren Lehrer Joseph Lehmann ein christliches Erbarmen und er nahm sich meiner Seele in etlichen freundlichen Worten liebevoll an.

Wahrlich, es kann einem Menschen schlimm gehen, wenn er ernten muß, was er gesät hat!

Aus Gnaden mitgezählt

In unser Erholungsheim auf dem Gut Zippelsförde bei Altruppin hatte ich eine Gruppe von 25 Knaben aus Berlin eingeladen, die bei uns vier Wochen Ferienerholung haben sollten. Die Jungen kamen in einem Sammeltransport in Neuruppin an. Im Leiterwagen wurden sie vom Bahnhof abgeholt.

Als der Wagen am Missionshaus hielt, damit die Namen der Kinder auch für die Buchhaltung aufgeschrieben würden, kam das Bürofräulein und meldete mir, es seien 26 Knaben auf dem Wagen; und keiner wußte, wer da zuviel sei.

Ich ließ alle absteigen und nur die wieder aufsteigen, deren Namen ich der Reihe nach von meiner Liste der Geladenen ablas. Da blieb schließlich ein kleiner, schwacher blonder Junge übrig.

»Wie heißt du?« fragte ich ihn.

»Karl«, sagte er mit fester Stimme.

»Wo kommst du her, Karl?«

»Na, von Berlin doch«, sagte er.

»Wer hat dich hier eingeladen?«

»Det wees ick ooch nich!« antwortete er.

»Aber du stehst nicht auf unserer Liste, Karl.«

»So, nich?« fragte er.

Schließlich erfuhr ich, daß sein älterer Bruder eingeladen war. Die Mutter und Karl hatten ihn zum Stettiner Bahnhof begleitet. Als 25 Jungen durch die Sperre gingen, ist Karl einfach mitgegangen. Als alle in den Zug stiegen, ist er auch eingestiegen. Der Schaffner und der Beamte an der Sperre hatten den 26. Jungen nicht entdeckt. So stand er als Überzähliger vor mir, immer mit dem Fuß auf dem

Wagentritt, um einzusteigen. Von dem älteren Bruder erfuhr ich, daß die Mutter gewiß nichts dagegen haben würde, wenn das schwache Bübchen bei uns Ferien mache.

Was sollte ich nun machen? »Also du, Karl der 26., willst du mit?«

»Jawoll, vasteht sich!« antwortete der kleine Karl, und schon saß er triumphierend auf dem Wagen.

»Los!« rief ich, und fröhlich fuhren die 26 Buben ab.

In einem alten Lied heißt es: »Wir sind von ihm erwählt, aus Gnaden mitgezählt.« Wie oft sind wir in Schicksalsstunden unseres Lebens »aus Gnaden mitgezählt«. Wir fahren alle auf unserem Lebenswagen aus Gnaden mit, eigentlich als Überzählige. Auch Du bist – wie ich – ein Sechsundzwanzigster.

Der leutselige Pastor

Ein Pastor aus der Lüneburger Heide ist in Hamburg angekommen, um an einer kirchlichen Großveranstaltung, die in den Hallen von »Planten und Blomen« stattfindet, teilzunehmen. Da er den Weg nicht kennt, spricht er leutselig einen Hafenarbeiter mit Blauhemd und Schirmmütze an:

»Du, Hein, kannst du mir nicht sagen, wie ich nach ›Planten und Blomen‹ komme?«

Darauf der Hafenarbeiter: »Woher weest du, dat ick Hein heet?«

»Nun, das habe ich mir gedacht!«

»Dann denk di man oock, wo ›Planten und Blomen‹ is«, antwortet »Hein« und geht schmunzelnd weiter.

Der friedfertige Pastor

Drei ältere Herren unterhalten sich auf der Bank im Kurpark.

Da kommt ein Ruhestandspastor und setzt sich zu ihnen.

Einer der Senioren beginnt das Gespräch:

»Herr Pastor, ich bemühe mich um einen Platz im Altenheim, denn dort bin ich versorgt!«

»Ja«, meint der Pastor, »da haben Sie recht!«

Der zweite Senior ist gegenteiliger Meinung: »Keine zehn Pferde kriegen mich ins Altenheim! Im Heim muß ich meine Selbständigkeit aufgeben!«

»Ja, da haben Sie recht!« antwortet wieder der Pastor.

»Aber Herr Pastor!« ereifert sich der dritte, »entweder ist das Altenheim erstrebenswert, oder es ist vom Übel. Sie können doch nicht beiden recht geben.«

»Da haben Sie auch recht!« antwortet der friedfertige Gottesmann und verabschiedet sich mit freundlichem Gruß.

Hoffentlich nicht

In einer Pastorenfamilie passierte kürzlich folgendes:

Der kleine Sohn hat irgendwo das Wort »Endsechziger« gehört und fragt seine ältere Schwester: »Was ist das?«

Die Schwester antwortet: »Ein Endsechziger ist ein Mann, der sechzig Jahre alt und am Ende ist.«

Pastorenkinder – Pastorenenkel (II)

Oma ist ein Engel

In der Pastorenfamilie ist ein Festtag. Grit feiert ihren 7. Geburtstag. Nachdem sie Omas Geschenk ausgepackt und genügend bewundert hat, ruft sie überrascht und glücklich: »Oh, Oma, du bist ein Engel!« Stürmisch umarmt sie ihre Oma.

Die aber wehrt ab: »Vorsicht! Mein Rücken tut mir weh!«

Der vierjährige Frank steht daneben und fragt mitleidig: »Oma, wo tut's denn weh?«

Oma zeigt ihm die Stelle: »Hier zwischen den Schulterblättern!«

»Das macht nichts«, meint der Bub darauf. »Da wachsen dir wohl schon die Flügel!«

Freude bereiten

»Versucht einmal in der kommenden Woche, einem Menschen eine Freude zu bereiten«, bittet die Lehrerin ihre Kinder.

Nach einer Woche fragt sie: »Na, wer von euch hat denn jemandem eine Freude gemacht?«

Da meldet sich der kleine Ernst: »Ich.«

»Was hast du denn gemacht?«

»Ich habe meine Großmutter besucht. Und als ich ging, sagte sie: ›Was bin ich froh, daß du wieder gehst!‹«

Aconit

Unser kleiner Sohn – so erzählt Hans Herter – war wieder einmal ungehorsam gewesen. Ich redete ihm ins Gewissen: »Dein bös Herzle! Was fanget mir mit dem Herzle an?«

Da meinte der kleine Bub: »Aconit nei tua!«

Er bekam immer bei Erkältung des homöopathische Hausmittel Aconitum. Die weißen süßen Kügelchen – ja, wenn damit der Herzensschade gebessert werden könnte!

Wie's im Himmel aussieht

In diesem Jahr hatte es früh geschneit. War das ein Jubel bei den Kindern.

Auch der kleine Junge jubelte. Und dann fragt er: »Papa, warum sind die Schneeflocken weiß?« Und während der Vater noch nachdenkt, gibt er selbst die Antwort: »Gelt, die sind weiß wie der liebe Gott. Jetzt weiß i doch, wie's im Himmel aussieht!«

Der vergessene Auftrag

Unser Bub mochte wohl etwa fünf Jahre alt sein, da schickte ihn seine Mutter eines Nachmittags zu dem Gemischtwarenhändler, der an der Ecke der Nachbarstraße sein Geschäft hatte.

»Remmert!« sagte sie ihm, »hol mir doch schnell fünf Brötchen!«

Die Geldbörse steckte sie ihm mit einer Ermahnung zur Vorsicht in die Jackentasche. »Damit du nicht vergißt, was du einkaufen sollst, mußt du es dir unterwegs laut vorsingen!« gab Mutter ihm als Rat auf den Weg mit.

Brav marschierte der Bub los und sang laut und vernehmlich auf der Straße: »Fünf Brötchen! Fünf Brötchen! Fünf Brötchen!«

Im Laden angekommen, galt es zu warten, weil einige Kunden vor ihm bedient wurden. Laut zu singen, schämte er sich, aber in seinem Herzen sang er leise weiter: »Fünf Brötchen! Fünf Brötchen! Fünf Brötchen!«

Er hatte Zeit, sich die Dinge zu betrachten, die auf dem Verkaufstresen ausgestellt waren. Besonders begeisterte ihn ein großer Korb mit Eiern. Er schaute sie begehrlich an, denn Eier aß er für sein Leben gern!

Doch dann wurde er jäh aus seinen Betrachtungen gerissen durch die Frage der Verkäuferin: »Na, Remmert, was sollst du denn einkaufen?« Da antwortete der Kleine wie aus der Pistole geschossen: »Fünf Eier!«

Als er dann die fünf Eier seiner Mutter heimbrachte, mußte sie lachend feststellen, daß auch das Singen nicht vor Irrtum bewahrte.

An diese kleine Begebenheit muß ich denken, wenn ich die Bemühungen mancher Gemeinden beobachte. Auch wir als Jünger Jesu haben einen Auftrag zu erfüllen. Unser Herr hat uns auf den Weg geschickt, die frohe Botschaft auszurichten. Aber nun kann es geschehen, daß unsere Lieblingsgedanken, unsere politischen und sozialen Engagements uns so erfüllen, daß wir darüber unseren wahren Auftrag vergessen.

Das Eintreten für Asylanten und rassisch Verfolgte, das Mühen um Bewahrung der Schöpfung und des ungeborenen Lebens – das alles sind wichtige Aufgaben. Aber wo soziale Dienste und theologische Denkschriften an die Stelle evangelistischer Bemühungen treten – da sind wir nach Brötchen geschickt und bringen Eier nach Hause.

Fröhliche Erlebnisse vor 100 Jahren

Wilhelm Weist (1822-1903) war ein mutiger Zeuge Jesu in Ostpreußen, Masuren und Polen. Was hat er auf seinen weiten Missionsreisen doch alles erlebt! Er durfte Menschen den Weg des Heils verkündigen. Um dieser Botschaft willen mußte er mit verlausten Pferdedieben die Gefängniszelle in Polen teilen. Er erlebte Wunder göttlicher Bewahrung. Manchmal aber gab es auch Grund zum Schmunzeln. Aus seinen 1989 wieder aufgefundenen Tagebüchern hier einige solcher Beispiele.

Mit Böllerschüssen empfangen

Als Weist 1855 mit einer Gruppe von Pastoren von Königsberg mit dem Schiff nach Memel reiste, um dort an einer Konferenz teilzunehmen, passierte ihnen etwas Lustiges:

»Wir wurden in Memel mit wahrhaft königlichen Ehren empfangen. Und das kam so: Vor uns reiste der Kronprinz Friedrich auch nach Memel. Das Schiff aber, auf dem wir fuhren, war schneller als das Schiff des Kronprinzen, so daß wir zuerst dort ankamen.«

Als nun die Reisegruppe der würdigen Herren, mit schwarzen Gehröcken angetan, das Schiff verließ, gab der verantwortliche Offizier ein Zeichen und die Kanonenschüsse donnerten Salut und die Militärkapelle intonierte einen Begrüßungsmarsch, bis – ja bis man den Irrtum entdeckte.

Weist aber schrieb schmunzelnd in sein Tagebuch, daß dieser würdige Empfang eigentlich auch ihnen hätte gelten können, denn sie seien doch wirkliche »Königskinder«.

Ein unfreiwilliges Bad

Weist berichtet: »Als wir, Bruder Matthias und andere Brüder, zur Bundeskonferenz nach Hamburg reisen wollten, gedachten wir, um Kosten zu sparen, per Dampfer von Königsberg über die Ostsee zu fahren. Das Schiff sollte morgens um sechs Uhr abfahren, wo es im Oktober noch sehr finster war, zumal es stark regnete. Eine alte Schwester ging mit mir unter einem Schirm.

Als wir am Bollwerk entlanggingen – wo kein Licht oder Laterne angezündet war –, wollten wir einer Pfütze ausweichen. Wir glaubten, aufs Bollwerk zu treten, traten aber zugleich in den Pregel, wo die großen Schiffe lagen. Die alte Schwester befahl ihre Seele in Gottes Hand. Ich schwamm ans Bollwerk und zog sie heran, bis auf unseren Hilferuf hin Leute in einem Boot uns aus den tiefen Wassern herauszogen. Ganz durchnäßt kam ich aufs Dampfschiff, wo ich sämtliche Kleider im Winde trocknen mußte.«

Ein pommersches Original

Als Weist eines Sonntags nach Rummelsburg kam, fand er bei einem »Bruder Tilgner« eine gut besuchte Versammlung vor. Dieser Mann war ein Original. Er predigte auf Holzpantinen und in Hemdsärmeln. Er schlug einfach die Bibel auf und redete – ohne Vorbereitung – über das Wort, auf das gerade seine Augen fielen, oft mit pommerschem Humor gewürzt. Seine Möbel in der Wohnung hatte er alle festgenagelt, weil die Obrigkeit wegen seines Zeugnisses von Christus alles pfändete, »was nicht niet- und nagelfest war.«

Hohe geistliche Würdenträger

Wie kann man nur Hesekiel heißen?

Generalsuperintendent Hesekiel besuchte eines Tages Professor Haupt. Dem Mädchen, das die Tür öffnete, sagte er: »Melden Sie mich bei dem Herrn Professor, ich heiße Hesekiel!«

Das Mädchen starrte ihn an und lief dann schnell in die Studierstube: »Herr Professor, draußen steht ein Geisteskranker. Der behauptet, er sei der Prophet Hesekiel.«

Ein Bibelspruch

Der Oberhofprediger Emil Frommel wollte im Konfirmandenunterricht die Kinder auf den Bibelspruch bringen: »Gott widersteht den Hoffärtigen, aber den Demütigen gibt er Gnade.«

Weil niemand auf den Spruch kam, wollte er helfen und sagte ihnen den Anfang des Verses vor: »Gott widerstehet den Hof...«

Sofort meldet sich ein Kind und sagt: »Gott widerstehet den Hofpredigern, aber den Demütigen gibt er Gnade.«

Die verlorene Autorität

In einer Zeit, als noch strenge Sitten herrschten, hatte ein angesehener Theologieprofessor ein Buch über Autorität geschrieben. Beim Mittagstisch erzählte der Vater, daß sein

Buch vom Verlag angenommen sei. Die Kinder hörten brav zu, bis die kleine Tochter plötzlich sagte: »Ich weiß, die Autorität steckt unter Vaters Hemd!« Allgemeines Gelächter und Unverständnis, woher die Tochter solch eine »tiefsinnige Meinung« habe.

Schließlich fand man die Erklärung. Da war der geistliche Herr am Abend vorher im Hemd aus dem Schlafzimmer herausgekommen, um die Kinder, die mit großem Geschrei eine Kissenschlacht veranstalteten, zur Ruhe zu ermahnen. Seine Frau aber hatte ihm mißbilligend nachgerufen: »Aber Eduard! Vor den Kindern im Hemde! Du verlierst die Autorität!«

Zwei Seiten hat die Küchentür

Als Pastor Julius Dammann die Gemeindearbeit aufgab, um für den Evangelistendienst frei zu sein, bezog er ein Haus in Eisenach. Er nannte es »Villa reliquenda«, d.h. »Ein Wohnhaus, das man verlassen muß«.

Viele Gäste und Freunde, die die Lutherstadt besuchten, kehrten auch bei Dammann ein. Ein guter Freund der Familie berechnete die Zahl der Gäste auf 1.000 im Jahr. Man kann sich vorstellen, was das für die Familie bedeutete.

Es ist bezeichnend für Dammann, daß an der Außenseite der Küchentür der Willkommensgruß prangte: »Seid gastfrei!« An der Innenseite der Tür aber las die vielbeschäftigte Hausfrau die Mahnung: »Ohne Murren!«

Silvester-Erinnerungen

Zu meinen schönsten Kindheitserinnerungen zählt die jährliche Teilnahme an den Silvesterfeiern unserer kleinen Gemeinde. Zwei Ereignisse sind mir aus dieser Zeit besonders in Erinnerung geblieben.

Das eine begann in Mutters Küche. Am späten Silvesternachmittag pflegte Mutter immer die »Ochsenaugenpfanne« hervorzuholen. Das geschah nur einmal im Jahr und war darum ein besonderes Ereignis. Die gußeiserne Pfanne hatte etwa ein Dutzend runde Vertiefungen, in die der Teig geschüttet wurde. Die »Ochsenaugen«, so nannten wir in Hamburg die runden Ballen, die sonst eher »Berliner« heißen, wurden, wenn die untere Hälfte gar war, mit der Gabel umgedreht und fertiggebacken. Dann wurden sie, fett und warm, auf große Teller gehäuft und mit Zukker bestreut.

Wenn dann nach dem Gottesdienst die Kaffeepause eintrat, holte Mutter immer die Teller mit den »Ochsenaugen« nach unten in den Saal, denn wir wohnten in der oberen Etage des Gemeindehauses. Das gehörte einfach zum jährlichen Gemeindefest. Und viele probierten und lobten »Tante Feldkirchs Ochsenaugen«.

Bist du gewachsen, Kind?

Eine zweite Kindheitserinnerung knüpft an ein Gedicht. Nach der Kaffeepause war dann die Gemeinde gefordert, das Gemeindefest zu gestalten.

Unvergeßlich ist mir ein Gedicht, das meine Mutter vortrug. Es war sehr lang und erzählte von Eltern, die ihre Kinder jedes Jahr zu Silvester an den Türrahmen stellten, um deren Länge zu messen. Für jedes Kind wurde jedes Jahr eine Kerbe in den Türrahmen geschnitzt. So konnte man ablesen, um wieviel es gewachsen war.

Dann wurde das aufs Geistliche übertragen. Die eindringliche Frage, mit der jede der vielen Strophen endete, hat sich mir unauslöschlich eingeprägt. Sie lautete: »Bist du gewachsen, Kind?«

Näher, mein Gott, zu dir

Als ich 1949 Pastor in Gronau wurde, gestalteten wir bei den Silvesterfeiern den Übergang über die Jahresschwelle so, wie es die Rückwandererfamilien aus Rußland mitgebracht hatten.

Eine Viertelstunde vor Mitternacht begannen wir mit einer Gebetsgemeinschaft. Aber während der allerletzten Minuten beteten alle schweigend, ohne Worte. Auf der Empore saß ein junger Mann mit einem Tonband, auf das er vorher die zwölf Schläge einer alten Standuhr aufgenommen hatte. Genau um Mitternacht erklangen dann von oben herab die ernsten Glockenschläge in die lautlose Stille der betenden Gemeinde hinein.

Schon vorher hatte sich ein Doppelquartett unseres Männerchores in den durch eine Schiebewand getrennten Jugendsaal begeben. War der zwölfte Glockenschlag verhallt, begannen, während die Gemeinde schweigend verharrte, die Männer zu singen: »Näher, mein Gott, zu dir!« Zunächst sangen sie weit entfernt auf dem hinteren Korridor. Aber während sie das Lied weitersangen, kamen sie – ungesehen, aber hörbar – langsam immer näher heran, bis sie bei der letzten Strophe unmittelbar hinter der Faltwand standen, die sich lautlos öffnete.

Dieses Lied mit seiner schlichten Melodie, das zuerst leise aus der Ferne ertönte, um dann immer lauter anzuschwellen, bis es am Ende stark und mächtig ausklang, hinterließ jedes Jahr einen starken Eindruck und begleitete viele hilfreich und tröstend durch das ganze Jahr.

Ansprachen, Ansprachen

Gern denke ich an meine Dienstjahre in Ostfriesland zurück. In einer Zeit, in der das Fernsehen noch nicht die Familien beherrschte und das Vereinswesen noch nicht so blühte wie heute, waren die Silvesterfeiern der ostfriesischen Landgemeinden das Ereignis des Jahres.

In der reformierten Kirche war weithin noch der Geist der Erweckung lebendig. In den Freikirchen nannte man die Gemeindefeiern »Liebesmahl«. Aus dem Geist der Erweckung geboren, waren die vielen Ansprachen der Prediger und Laien oft Zeugnisse, die zur Christusentscheidung aufriefen. Manchmal gab es auch Grund zum Lachen. Dafür zwei Beispiele:

Es bedrückte den Pastor, daß die Brüder und Schwestern in ihren Silvesteransprachen immer nur aus der Vergangenheit und nicht aus dem gegenwärtigen Erleben berichteten. Darum bat er: »Erzählt doch nicht immer, was ihr vor fünf oder zehn Jahren mit dem Herrn erfahren habt!«

Da ging ein alter Bauer nach vorne, der das wohl verkehrt verstanden hatte, und sagte: »Unser Pastor hat gesagt, wir sollen nicht erzählen, was wir vor fünf oder zehn Jahren erlebt haben. Darum werde ich erzählen, was ich vor zwanzig Jahren erlebt habe!«

Zur Freude der Jungen erzählten einige der Alten jedes Jahr die gleichen Geschichten, so daß viele immer schon gespannt darauf warteten, das oft Gehörte ein weiteres Mal zu vernehmen.

Einem alten treuen Handwerksmeister lag es am Herzen, seine Bekehrungsgeschichte bei jedem Silvester-Liebesmahl zu erzählen. Anschaulich wußte er von seinen inneren Seelenkämpfen zu berichten. Viele Stunden hatte er auf dem Heuboden in heißem Ringen verbracht.

Da, eines Nachts, während er im Bett lag und betete, drang er zur Heilsgewißheit durch. Voller Freude rüttelte er seine Frau wach, die neben ihm schlief, und rief: »Wach auf, Antjelina! Ich hab's erfaßt!« Und dann sang er mit ihr laut: »Seelenbräutigam . . .«

In späteren Jahren verließ ihn oft sein Gedächtnis, aber es drängte ihn weiterhin, die allen bekannte Geschichte zu erzählen.

Als er nun bei einer Silvesterfeier in seiner Erzählung bis an die Stelle gekommen war, wo er seine Frau aufweckte, wußte er nicht weiter. Darum fragte er in die Gemeinde hinein auf ostfriesisch Platt: »Wat heff ick man noch sungen?«

Und aus der Gemeinde erscholl es in fröhlichem Chor: »Seelenbräutigam!«

Friesen singen nicht

Enno Popkes *war ein waschechter Ostfriese. Lebenslang blieb er seiner Heimat verbunden. In Ostfriesland wurde er 1904 in Jennelt geboren, dort starb er 1959 in Ihrhove. Jahrzehntelang diente er in ihren Gemeinden als Chorleiter und Organist. Er war mit Hingabe Kirchenmusiker und Orgelsachverständiger. Über Ostfriesland hinaus wirkte er als musikalischer Bearbeiter der »Glaubensstimme« (Gesangbuch) und als Herausgeber des »Neuen Taschenliederbuches« (Chorliederbuch).*

Wenn ich an Enno Popkes denke, fallen mir drei denkwürdige Begebenheiten ein – zwei heitere und eine ernste –, die ich gern der Vergangenheit entreißen möchte.

Tingeltangel

»Frisia non cantat« (Friesen singen nicht) liest man im Ostfriesen-Wappen. Das freilich ist eine Aussage, die man anfechten kann. Unbestreitbar aber ist, daß einst ein biederer ostfriesischer Handwerksmeister eine unüberwindliche Abneigung gegenüber Bachscher Orgelmusik hatte, die er auf eine einmalige, unüberhörbare Weise kundtat. Das ist wert, erzählt zu werden.

Was nützt der Gemeinde ein begabter Organist, wenn im Gotteshaus keine Orgel steht? Darum war es den Musikverständigen der Gemeinde Ihren ein Anliegen, eine Orgel anzuschaffen. Aber – einmal fehlte es am Geld, zum anderen auch an der Einsicht, daß solch ein Instrument wirklich notwendig sei. Doch eines Tages bekam die Gemeinde eine Orgel als Geschenk großzügiger Spender.

Nun konnte Enno seine Fähigkeiten entfalten. Und das

tat er auch ausgiebig. Mächtig tönte die Walcker-Orgel von der Empore herunter. Präludien und Fugen von Bach gaben nun den sonst so schlichten calvinistischen Gottesdiensten ein festliches Gepräge.

Einem aber mißfiel das von Anfang an. Das war der Bauunternehmer Christopher S. Er hielt es mit Spurgeon, der ja keine Orgel im Gottesdienst duldete. Schon an einigen Sonntagen hatte er bei den tongewaltigen Präludien mißbilligend sein Haupt geschüttelt.

Dann kam der unvergeßliche Sonntag. Enno spielte als Präludium eine Bachsche Fuge mit jubilierenden Trillern und flinkfüßigen Läufen – da platzte unserem Christopher der Kragen. Drohende Unmutsfalten bildeten sich auf seiner von Sonne und Wind gebräunten Stirn. Ärgerlich blickte er nach oben zur Empore, von woher das Getöse herabbrauste. Er holte tief Luft, und dann rief er mit Donnerstimme:

»Enno!« Und – die vorwurfsvollen Blicke der andächtigen Gemeinde nicht beachtend – nach kurzer Pause noch tonstärker: »Enno! Schei ut mit dien Tingeltangel!!« (Das ist Ostfriesen-Platt und heißt: »Hör auf mit deinem Tingeltangel!«)

Es ist nicht überliefert, wie man dieses Aufbegehren dem Organisten verständlich machte; auch nicht, ob Enno seine Bachfuge zu Ende spielte oder ob sie ein vorschnelles Ende fand.

Bekannt ist nur, daß der Gemeindevorstand daraufhin beschloß, fortan dürfe vor dem Gottesdienst nur ein leiser Choral gespielt werden.

Armer Enno!

Eingeschlafen

Enno Popkes war viel auf Reisen. Er schulte die Chöre. Er übte mit den Gemeinden die noch unbekannten Melodien der damals neuen »Glaubensstimme«. So war er auch in den Gemeinden des Ruhrgebietes kein Unbekannter.

Eines Abends – der gemischte Chor einer Gemeinde hatte seine Übstunde – sagte einer der Sänger: »Habt ihr schon gehört? Enno Popkes ist gestorben!« Allgemeines Erschrecken und Bedauern. Wie es sich geziemt, erhoben sich die Sänger zu einem ehrenden Gedenken.

Aber eine Woche später hieß es: »Enno Popkes lebt! Er ist nicht tot.« Dankbares Aufatmen. Aber auch großes Verwundern. Wie war es zu dieser Falschmeldung gekommen?

Enno war erkrankt und in ein ostfriesisches Krankenhaus eingeliefert worden. Ein Geschäftsreisender aus dem Ruhrgebiet wollte ihn besuchen. Aber er wurde von der Stationsschwester abgewiesen: »Sie können Herrn Popkes nicht besuchen. Er ist gerade *eingeschlafen*!«

Ganz verstört, ohne nachzufragen, war der Besucher gegangen. Im ganzen Ruhrgebiet verbreitete er die Kunde: »Enno Popkes ist tot!« Und dabei hatte unser Enno nur seinen wohlbehüteten Mittagsschlaf gehalten.

Der Mißton

Die dritte Begebenheit, an die ich mich erinnere, hat mich mit ihrem Ernst und ihrer Tragik nachhaltig bewegt.

Ich hatte meinen Freund Enno Popkes zu einer Chorschulung nach Gronau eingeladen, wo ich seinerzeit Prediger war. Er hatte einen leichten Schlaganfall gehabt und litt noch unter Lähmungserscheinungen an der linken Hand, gegen die er tapfer ankämpfte.

Unvergeßlich hat sich mir folgendes Erlebnis eingeprägt: Enno setzte sich am ersten Chorabend an die Orgel. Er spielte – aber ein Finger der linken Hand gehorchte ihm nicht. Er blieb auf der Taste liegen und erzeugte einen langanhaltenden Mißton. Ich beobachtete, wie Enno wiederholt mit der rechten Hand schnell zugriff, um den widerspenstigen Finger von der Taste zu lösen. Aber es war vergebens! Der störende Ton verstummte nicht.

Da nahm Enno mutlos und verzagt die Hände von der Tastatur der Orgel, legte sie auf seinen Schoß und – weinte still vor sich hin!

Mißverständliche Sprache Kanaans

Die »Sprache Kanaans« ist die Sprache der Bibel, die von der bibellesenden Gemeinde gesprochen und verstanden wird. Es muß aber bedacht werden, daß diese Sprache von anderen oft nicht verstanden oder gar mißverstanden wird. Dafür drei heitere Beispiele aus meiner Hamburger Dienstzeit.

Suchet in der Schrift

Wir hatten als Gemeinde die Möglichkeit, durch den »Christlichen Plakatdienst« Plakate mit Bibelsprüchen in den Hamburger Verkehrsmitteln auszuhängen. So befand sich an der Innentür einer Straßenbahn der Bibelspruch »Suchet in der Schrift!« Wir hofften, daß durch dieses Wort

Menschen angeregt würden, die Bibel zur Hand zu nehmen.

Nun stand ich eines Tages in der überfüllten Straßenbahn neben zwei jungen Mädchen, die diesen Spruch entdeckten. Es entspann sich folgendes Zwiegespräch:

»Lies mal! Dieser Spruch ist wirklich wahr!«

»Ja?«

»Ich habe doch den Fritz im Urlaub kennengelernt und seinen Brief einem Graphologen vorgelegt. Der riet mir ab, eine feste Bindung einzugehen. Wie recht hat er behalten!«

Der Herr ist immer bei mir

Ich besuchte in einem großen Krankenhaus eine ältere Frau unserer Gemeinde.

Als ich sie nach ihrem Ergehen fragte, antwortete sie überschwenglich mit salbungsvoller Stimme: »Der Herr ist immer bei mir!«

Daraufhin fragten sich die beiden Bettnachbarinnen leise: »Wo hat sie ihn denn versteckt?«

Sind Sie morgen frei?

An einer Ecke der »Reeperbahn«, dem Vergnügungsviertel von St. Pauli in Hamburg, stand eine Gruppe der Heilsarmee und sang das altbekannte Lied »Sicher in Jesu Armen«. Daran anknüpfend legte eine junge Frau aus der Gruppe ein Zeugnis ab und sagte: »Gestern lag ich noch in den Armen des Teufels. Heute darf ich ruhen an Jesu Brust!«

Da rief ein vorbeigehender Hafenarbeiter ihr zu: »Hallo! Sind Sie morgen noch frei?«

Oooh Tannenbaum!

An der Schreibweise des Wörtchens »o« mag der aufmerksame Leser erkennen, daß die Betonung in dieser Zeile des bekannten Weihnachtsliedes auf eben diesem »o« liegt.

Aber dieses betonte »oooh« soll nicht etwa das freudige Erstaunen eines Kindes beim Anblick des Tannenbaumes ausdrücken, sondern den mißbilligenden Unmut eines Gemeindediakons wiedergeben. Sie verstehen das nicht? Nun – dann will ich es erklären und erzählen.

Es war vor Jahrzehnten undenkbar, daß man in den schlichten Kapellen unserer ostfriesischen freikirchlichen Gemeinden ein Kreuz, eine Kerze oder zur Weihnachtszeit gar Adventskranz oder Tannenbaum fand. Das gleiche galt übrigens damals auch für die reformierten Kirchen.

Ich will hier nicht die theologischen Gründe für eine solche Haltung erforschen.

Aber es war immerhin erstaunlich, weil unsere Familien in ihren Häusern Adventskränze und Tannenbäume aufstellten.

Wie Adventskranz und Tannenbaum, diese Symbole festlicher Freude, zu einem Ärgernis wurden, will ich hier berichten.

Katholisch?

Eines Tages übernahm ein Prediger aus dem Ruhrgebiet eine Gemeinde in Ostfriesland. Er war es gewohnt, in der Adventszeit das Gotteshaus mit einem Adventskranz zu schmücken. Wußte er nicht um die ostfriesischen Sitten, oder fühlte er sich zum Reformator berufen?

Wie dem auch sei – als die Gemeinde am 1. Advent die Kapelle betrat, stand auf dem Abendmahlstisch vor der Kanzel ein großer Adventskranz mit vier dicken roten Kerzen. Und die erste Kerze brannte, wie es sich für den 1. Advent geziemt. Viele der Gottesdienstbesucher schauten erstaunt und teils betroffen auf diese Neuheit, sagten aber nichts. Nur ein paar Jugendliche nickten sich vielsagend zu.

Aber dann kam ein alter Diakon, ein »durch-und-durch-Ostfriese« und zugleich ein »durch-und-durch-Baptist«. Er öffnete die Kapellentür, sah die brennende Kerze am Adventskranz, stutzte – blieb an der Tür stehen und rief erschrocken: »Bünt wi katholsk?« (sind wir katholisch?), drehte um und verließ kopfschüttelnd die Kapelle, die er während der Adventssonntage nicht mehr betrat.

Der Götze

Die Adventskranzgeschichte geschah übrigens vor meiner Zeit. Aber dann passierte mir das Erlebnis mit dem Tannenbaum. Ich war damals Prediger dieser ostfriesischen Landgemeinde. Um niemanden zu ärgern, verzichtete ich – wenn auch schweren Herzens – auf Adventskranz und Tannenbaum in der Kapelle. Freilich hatte sich zu meiner

Zeit die Anschauung schon gewandelt. Wohl auf Drängen der jungen Generation gestattete man bei der Sonntagsschulweihnachtsfeier einen Tannenbaum. Allerdings achtete der Verantwortliche sorgfältig darauf, daß der Baum nur zur Kinderfeier die Kapelle schmückte.

So war denn jener denkwürdige Weihnachtstag angebrochen, von dem ich erzählen will. Auf dem Programm stand: am Vormittag Festgottesdienst (ohne Baum – versteht sich), am Nachmittag Sonntagsschulfeier (mit Baum, der noch im Abstellraum wartete). In festlicher Hochstimmung, bekleidet mit makellosem schwarzen Anzug und silbergrauer Krawatte, Bibel und Gesangbuch in der Hand, betrat ich am Weihnachtsmorgen voller Freude auf den Gottesdienst den Vorraum der Kapelle. Feierliche Posaunenklänge schallten mir entgegen. Gerade wollte ich die Pendeltür zum Hauptraum öffnen. Da »überfiel« mich plötzlich der Diakon, stellte sich mir in den Weg und legte seine Hand auf meine Schulter. Ich merkte ihm die furchtbare Erregung an. Sein Gesicht, von Wind und Wetter gegerbt, war noch mehr gerötet als sonst.

»Was ist geschehen?« fragte ich erschrocken, jählings aus aller Feststimmung gerissen.

»De Götze...!« stammelte er.

Ich schaute ihn verständnislos an.

»De Götze mut dor rut!«

»Was für ein Götze?« fragte ich, immer noch hochdeutsch sprechend.

»De Dannenboom steiht dor! De Dannenboom mut rut!«

Jetzt erst begriff ich langsam. Ein Tannenbaum in der Kapelle! Aber wie kam der »Götze« in das Gotteshaus?

»Smiet em rut!« wiederholte der empörte Diakon.

»Smiet *du* em doch rut!« antwortete ich, jetzt plattdeutsch mit ihm redend.

»Nee – do ick nich!« sagte er.

»Ick oock nich!« antwortete ich und fügte hinzu: »Dann loot em stohn!«

Damit war der Auftritt im Kapellenvorraum beendet. Während ich durch den Mittelgang zur Kanzel schritt, versuchte ich, langsam wieder Fassung und Würde zu gewinnen.

Als wir dann mit Chor und Gemeinde im Wechsel die schönen alten Weihnachtslieder sangen, brach allmählich die Festfreude bei mir durch. So feierten wir Weihnachten – zum ersten Mal mit einem großen Tannenbaum neben der Kanzel.

Aber wo war mein Diakon? Beim Einsammeln der Kollekte erschien ein anderer für ihn. War er nach Hause gegangen wie weiland sein Vorgänger, der sich am Adventskranz geärgert hatte? Nein! Er war geblieben. Allerdings hatte er sich auf der Empore so hinter die Orgel gesetzt, daß er den »Götzen« nicht anschauen mußte.

Wie war es denn zu diesem »Zwischenfall« gekommen?

Zu unserer Gemeinde gehörte eine Zweiggemeinde, eine »Station« mit kleiner Kapelle und großer Sonntagsschule. Die hatten ihr Sonntagsschulweihnachtsfest am Tage vorher in unserer Kapelle gefeiert. Sie ließen den Baum stehen, weil sie meinten, die Sonntagsschule der Hauptgemeinde könne ihn ja am nächsten Tag auch benutzen. Der bei uns verantwortliche Bruder, der den Baum zwischenzeitlich hinausstellen sollte, wußte nichts davon, weil man vergessen hatte, ihn zu benachrichtigen. Da er ganz gegen seine Gewohnheit sehr spät zum Gottesdienst erschien, wurde er somit vor eine vollendete Tatsache gestellt. So mußte eine Verkettung unglückseliger Geschehnisse dazu dienen, daß die Gemeinde Weihnachten unter einem Christbaum feierte.

Diese Geschichte hatte dann noch ein zweifaches Nachspiel. Im Silvester- und Neujahrsgottesdienst fehlte unser Diakon. Als ich seinen Schwiegersohn an der Kapellentür fragte: »Wo ist Vater? Ist er krank?« antwortete er augenzwinkernd: »He hätt Malheur hat!«

»Ist er bei dem Glatteis gefallen?«

»Nee, he hätt sick stött!«

»Gestoßen?«

»Ja, an'n Dannenboom!«

Erst ein Hausbesuch konnte die Angelegenheit wieder aus der Welt schaffen.

Und das andere Nachspiel: In der nächsten Vorstandssitzung wurde über den Tannenbaum verhandelt. Und – man höre und staune: Es wurde beschlossen, fortan bei *allen* Weihnachtsfeiern einen Baum aufzustellen. Das ausschlaggebende Argument, das alle überzeugte und umgestimmt hätte, kam von unserem Tierarzt Dr. S.:

»Wenn der Baum für uns nicht gut ist, ist er auch für unsere Kinder nicht gut. Ist er aber für unsere Kinder gut, dann ist er auch für die Gemeinde gut!«

Auf der Reeperbahn

Es ist Mitternacht auf der Reeperbahn von St. Pauli in Hamburg. An den Hauswänden der Nachtlokale flimmert grelle Lichtreklame. Auf den Straßen drängen sich die Menschen, die etwas erleben wollen.

An einer Straßenecke steht Pastor *Heinrich Kemner*, der Begründer des Geistlichen Rüstzentrums in Krelingen. Er spricht Menschen an und bezeugt ihnen Jesus. Da sieht er, wie eine Gruppe junger Männer, von einem Mann in Livree ermuntert, eine Bar betritt. »Ob ich sie vor der Sünde bewahren kann?« denkt Pastor Kemner und geht ihnen nach.

Er setzt sich zu ihnen. »Wo kommt ihr her?«

»Aus Schleswig-Holstein.«

»Was seid ihr für ein Haufen?«

»Landjugend.«

»Ist hier eine Ausstellung?«

»I wo, wir wollen was erleben!«

»Was ihr hier erlebt, ist eine vergiftete Phantasie und ein schuldbeladenes Gewissen. Die Lustsekunde wird teuer bezahlt!«

Der Wortführer der Gruppe sieht ihn erstaunt an: »Was bist du denn für eine Marke?«

»Ich bin Pfarrer.«

Das schlägt wie eine Bombe ein. Der Wortführer steht auf und sagt: »Alles hätte ich erwartet, aber daß uns die Kirche hier sucht ... Mir ist die Lust vergangen!«

Auf der Straße reden sie noch bis drei Uhr nachts miteinander.

Später schrieb der Anführer: »Ich war im Begriff, meine Braut zu verraten. Durch Ihr Zeugnis bin ich Christ geworden.«

Vertauschte Jacken

An einem heißen Sommertag fuhr eine Gruppe ostfriesischer Blaukreuzler zu einem Missionseinsatz in ein Strafgefangenenlager.

In einer großen Baracke saßen die Gefangenen in ihren gestreiften Jacken und sahen teils gleichgültig, teils feindlich oder neugierig die Frommen an.

Nach einigen Liedern des Männerchores trat der Pastor vor die Versammlung. Aber bei der großen Hitze fing er in seinem schwarzen Anzug bald an zu schwitzen.

Plötzlich rief ihm ein Strafgefangener diesbezüglich eine höhnische Bemerkung zu. Alle Zuhörer lachten. Unruhe entstand. Was würde passieren?

Da fragte der Pastor den Zwischenrufer freundlich, ob sie nicht die Jacken tauschen könnten. Verblüfft gestattete es der Gefangene.

So zog unter allgemeinem Gelächter der Zuchthäusler die schwarze Pastorenjacke an und der Pastor predigte in der leichten gestreiften Gefangenenjacke. Damit war der Bann gebrochen und die Herzen der Zuhörer offen für die frohe Botschaft.

Als mir die Sänger unseres Männerchores das berichteten, dachte ich: Ist dieses kleine Erlebnis nicht ein schwaches Abbild dessen, was Christus für uns am Kreuz vollbracht hat? Er, der Gerechte, hat unser Sündengewand angezogen und hat unsere Strafe durch seinen Kreuzestod gesühnt. Uns aber, die wir an ihn glauben, hüllt er in das Kleid seiner Gerechtigkeit und schenkt uns aufs neue die durch die Sünde zerstörte Gottesgemeinschaft.

Lebensweisheiten eines flämischen Menschenfreundes

Phil Bosmans, der große flämische Menschenfreund, hat unzähligen Menschen geholfen, wieder Freude und Lebensmut zu finden. Seine Bücher sind millionenfach verbreitet. Die Buchtitel sind wie Lebenshilfen: »Vergiß die Freude nicht«, oder: »Blumen des Glücks mußt du selbst pflanzen«, oder: »Liebe wirkt täglich Wunder«, oder: »Ja zum Leben«. Im folgenden einige Aussprüche aus dem Kalenderbuch »Mit Herz durch das Jahr«.

Laß dich nicht hetzen!

Heute muß alles schnell gehen.
In dieser Zeit, die keine Zeit hat,
laß dich nicht hetzen!
Auch die Schnecke erreichte die Arche Noah.

Sei lieb!

Sei lieb zu den Menschen,
aber nicht mit Händen, die nehmen,
sondern mit einem Herzen, das gibt.

Lachst du . . .

Lachst du Kinder an, lachen sie zurück.
Lachst du Große an, fragen sie sich:
»Warum lacht der?«

Blumen

Blumen haben keine Hände.
Sie wachsen. Sie blühen. Sie geben, was sie sind:
Schönheit und Freude.
Sie greifen nach nichts. Sie nehmen sich nichts,
ausgenommen die Sonne, und die scheint für alle.

Das Ziel

Das Ziel ist nicht die Wüste, sondern das Gelobte Land.
Wer nicht glauben kann an das Gelobte Land,
den packt die Wut oder die Verzweiflung,
und er geht nicht weiter, sondern stirbt in der Wüste.

Keine Klagemauer

Es gibt Menschen, die haben immer etwas zu klagen ...
Mach aus deinen Mitmenschen keine Klagemauer!
Dann wirst du in Zeiten wirklicher Not
bei anderen am ehesten ein Herz finden,
das bereit ist, deine Sorgen zu teilen.

Die zweite Spur

Ein alter Mann lag seit langem auf dem Krankenlager. »Warum, o Gott«, fragte er hadernd, »warum muß ich so leiden? Hast du mich verlassen oder vergessen?«

In der folgenden Nacht hatte er einen Traum: Er sah aus großer Höhe seinen Lebensweg, der am Meeresstrand entlang führte. Und überall, wo seine Füße gegangen waren, hatten sie im Sand Spuren hinterlassen.

Aber dann bemerkte er neben seiner Fußspur eine zweite, die seinen Weg begleitete. »Was ist das für eine Spur?« fragte er im Traum seinen Herrn.

»Es waren meine Füße«, antwortete dieser. »Ich bin unsichtbar an deiner Seite gegangen, hast du es nicht bemerkt?«

Beschämt schwieg der Träumende und verfolgte weiter die Spur seines Lebensweges. Und dann sah er dunkle Wolken am Himmel; sah, daß der Weg durch Leiden führte. Und da – hörte mit einem Mal die zweite Spur auf.

»Siehst du, o Gott«, rief er im Traum, »jetzt fehlt die zweite Spur. Gerade wo ich dich so nötig gebraucht hätte, warst du nicht da!«

»Du Tor!« antwortete gütig der Herr. »Es ist nicht deine Spur, die du siehst, sondern die Spur meiner Füße. Denn auf diesen dunklen Wegen habe ich dich getragen!«